梦山书系

全国幼儿教师培训用书

幼儿园一日活动教育技巧50例

王哼 ◎ 主编

海峡出版发行集团 | 福建教育出版社

图书在版编目（CIP）数据

幼儿园一日活动教育技巧50例/王哼主编．—福州：福建教育出版社，2020.1（2022.5重印）

ISBN 978-7-5334-8532-0

Ⅰ.①幼… Ⅱ.①王… Ⅲ.①活动课程—教学研究—学前教育 Ⅳ.①G613.7

中国版本图书馆CIP数据核字（2019）第183607号

You'eryuan Yiri Huodong Jiaoyu Jiqiao 50 Li
幼儿园一日活动教育技巧50例
王哼　主编

出版发行	福建教育出版社
	（福州市梦山路27号　邮编：350025　网址：www.fep.com.cn）
	编辑部电话：010-62027445
	发行部电话：010-62024258　0591-87115073）
出 版 人	江金辉
印　　刷	福建新华联合印务集团有限公司
	（福州市晋安区后屿路6号　邮编：350014）
开　　本	710毫米×1000毫米　1/16
印　　张	13.75
字　　数	196千字
插　　页	1
版　　次	2020年1月第1版　2022年5月第3次印刷
书　　号	ISBN 978-7-5334-8532-0
定　　价	35.00元

如发现本书印装质量问题，请向本社出版科（电话：0591-83726019）调换。

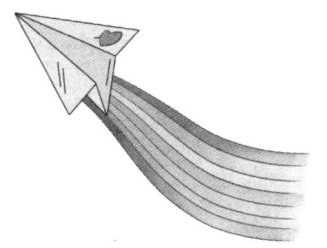

目 录

生活活动

让入园新生喜欢上幼儿园 ………………………… 3
有仪式感的早安签到墙 …………………………… 7
丰富的晨间谈话活动 ……………………………… 10
晨间活动可以这样做 ……………………………… 15
小班幼儿排队，也可以井然有序 ………………… 18
让小班幼儿良好进餐 ……………………………… 21
自助餐点 …………………………………………… 25
餐后自由散步 ……………………………………… 28
消除过渡环节的消极等待 ………………………… 33
以"动"制动，有序离园 ………………………… 39

区域活动

"四心"把好区域活动的"脉" ………………… 45
区域活动提高观察力 ……………………………… 50
教师在角色游戏中的支持 ………………………… 54
建构游戏中的合作能力 …………………………… 60
让科学区域变得有趣起来 ………………………… 64
让幼儿在打击乐活动中"high"起来 …………… 68
让户外游戏更自主 ………………………………… 71

户外自主游戏中的"一物多玩"……………………………… 75
受欢迎的蛋糕坊……………………………………………… 78
"平行世界"里的交集………………………………………… 81
摒弃硝烟后…………………………………………………… 85
做个"懒"老师………………………………………………… 88
悄然改变的轩轩……………………………………………… 92
是问题，也是学习…………………………………………… 95

教学活动

教育教学中提升问题的有效性……………………………… 101
在情境中学习文学作品……………………………………… 105
在文学作品欣赏活动中构建积极有效的师幼互动………… 109
创新教学，让幼儿快乐阅读………………………………… 113
玩转语言区，提高幼儿语言能力…………………………… 118
操作材料让数学变得有趣…………………………………… 122
废旧物品助力创意美术……………………………………… 127
四借材料法激发幼儿美术创造力…………………………… 131
分组教学开展幼儿体育活动………………………………… 137
主题活动下角色游戏的组织技巧…………………………… 143
动画片音乐教学法…………………………………………… 146
有效进行幼小衔接…………………………………………… 150
方便、快捷的主题教学资源库……………………………… 154

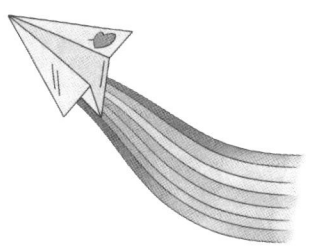

其他

创设小班幼儿喜欢的环境 …………………………… 161

"三教轮保"促幼儿能力发展 ………………………… 164

让保育专栏"活"起来 ………………………………… 168

教室墙面环境创设"四要诀" ………………………… 173

利用"活动卡"提升幼儿自主探究 …………………… 178

让音乐"串联"一日生活的每一处 …………………… 186

一日生活促交往 ……………………………………… 190

让幼儿在冲突中成长 ………………………………… 193

做有责任的"值日生" ………………………………… 196

喜欢咬人的豆豆 ……………………………………… 201

有了妹妹,也会快乐 ………………………………… 204

让午餐"愁哭"的小孩 ………………………………… 207

变形金刚拯救"世界" ………………………………… 210

生活活动

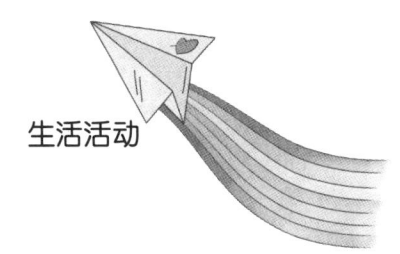

生活活动

让入园新生喜欢上幼儿园

案例描述

镜头一:乐乐今年4岁,入园已经两个星期了,每天早上入园时都能听到他的哭声。"我不去幼儿园!""我要回家!"作为他的带班老师,每天都要哄着他,引导他进入班级。

镜头二:角色游戏中,乐乐想当爸爸,他刚走到娃娃家门口,看见牛牛已经戴上了爸爸的领带。他喊起来:"牛牛,我是爸爸!"但是牛牛并没有理会他,于是乐乐大声哭喊起来:"我是爸爸,我是爸爸!"乐乐哭个不停,教师哄也哄不住,乐乐嘴里不停说着:"幼儿园不好玩,我要回家。"

镜头三:午睡时间,大家终于安静下来了,只有乐乐在抽泣。只见他抱着小脑袋,藏在被子下。教师走过去抱住他,他哭着说:"我想妈妈。"

"让我来陪你,好吗?"教师轻柔地问。

"我要妈妈陪我睡。"

一、背景

幼儿期是个体生命历程的一个重要阶段。重视幼儿的心理,是个体健康发展的基础和重要保证。《幼儿园教育指导纲要(试行)》(以下简称《纲要》)指出,幼儿园必须把保护幼儿的生命和促进幼儿的健康放在教育工作的首要位置,树立正确的健康观念,在重视幼儿身体健康的同时,要重视幼儿的心理健康。这对幼儿期开展心理健康教育提出了明确的要求。

幼儿从家庭进入幼儿园,是迈入社会的第一步,由于生活环境和社会角色发生了变化,他们面临着巨大挑战。初入园的幼儿由于不适应幼儿园的新生活和环境，往往会出现严重的哭闹现象。帮助幼儿做好入园准备，让每一位幼儿在入园的转变过程中获得发展，显得尤为重要。积极的心理是帮助幼儿喜欢上幼儿园的根本，教师应以一种更为积极的、正向的态度来帮助、支持刚入园的幼儿适应新的环境，把挑战变为幼儿发展的机遇。

二、措施

（一）创设温暖童趣的环境，缓解幼儿的入园焦虑

幼儿的审美感知是与幼儿的情绪密切相连的，当幼儿需要得到满足、情绪积极愉快时，能对周围的人、事、物产生美感；反之，则对美的东西反应迟钝，甚至反感。温暖和谐的环境布置、整洁干净的教室、宽敞明亮的卧室等，都有利于幼儿拥有平和的心态和稳定的情绪，缓解幼儿的入园焦虑。

（二）积极的情绪，鼓励幼儿自主入园

1. 多种仪式帮助幼儿稳定情绪，培养良好习惯

仪式具有很多功能，能帮助人们获得与自我实现相关的自豪感、荣誉感、神圣感和归属感等。新生入园，教师可以侧重于为幼儿建立一些固定的仪式，如早晨入园仪式——打招呼、抱一抱；饭前准备仪式——饭前洗手；离园准备仪式——玩具归放等，帮助幼儿培养良好的习惯。处在入园适应期的幼儿参与仪式，不仅可以帮助他们尽早适应幼儿园的日常生活，还可以营造集体归属感。幼儿入园后，教师需要给幼儿创造条件和机会，让他们自己能做的事自己去做，形成基本的常规，促进幼儿生活自理能力的提高。

2. 睡前回忆，巩固幼儿入园的愉快情绪体验

积极心理学家赛丽格曼提出名为"睡前的宝贵时光"的观点。睡前时间对人来说是非常宝贵的一个时间段，不仅可以创造美梦，更能巩固每天的积极情绪体验。以小班幼儿午睡为例，教师可以充分利用午睡前的时间和幼儿一起回忆当天发生的事。例如，一次睡前聊天时，欢欢说在幼儿园认识了一个新朋友；卡卡说幼儿园的稀饭很好喝，还说喜欢幼儿园的滑梯；晨晨说画了一张漂亮的画，等等。在这样轻松、愉快的谈话当中，幼儿不仅拉近了与

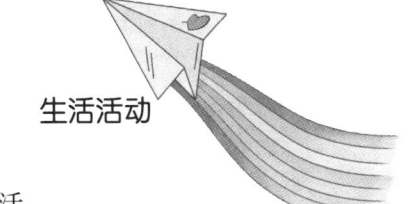

教师及小伙伴的距离，而且会逐渐适应幼儿园的集体生活。

3. 家园合作，做幼儿积极情绪的榜样

幼儿通常将重要他人作为自己的榜样。在入园这件事上，成人积极的情绪榜样作用尤为重要。首先，作为教师要以身作则，应该向幼儿传递积极的情绪，杜绝愤怒、斥责等负面情绪；其次，要做好家园沟通，及时举行小班幼儿入学家长会，安抚家长在入园这件事上流露出的不安情绪，鼓励家长将入园看成幼儿成长的一个标志，用积极的心态看待幼儿入园，控制自己的消极情绪。

积极的情绪能让人们全身心地欣赏周围的美好，人类追求积极情绪和幸福生活，就如同植物的向光性一样，执着坚强。愿幼儿像花儿一样，朝向太阳尽情绽放，享受阳光童年。

（三）适时的表扬，加强幼儿自我服务的信心

幼儿情感脆弱、能力差、畏惧感强，当他们有点滴进步时，一定不要忘记夸奖他们、赏识他们。例如，幼儿自己能够扣上扣子，但位置却扣错了。教师首先要肯定幼儿的独立意识，表扬他能自己扣扣子了，然后再重复正确的扣扣子的方法，最好是鼓励幼儿自己重新扣一次，提高自信心。

有时幼儿限于自身能力，无法达到预期目标时，教师要注重耐心、细致地引导，还可辅以鼓励性语言，必要时需协助幼儿实现成功，以免挫伤幼儿积极进取的积极性。随着时间的推移，相信幼儿的自理能力会不断提高，幼儿自我服务的信心也会得以加强。

（四）宽松自由地分享交流，鼓励幼儿大胆交往

坚持民主，给幼儿充分的活动自由，可以使幼儿形成积极品质。首先，教师在与幼儿的互动中应注重情感言语的使用，少一些指令性较强的语言，向幼儿提问时少一些"是不是""对不对"的问题，尽量以开放性问题为主，增加幼儿的表达欲望。请幼儿发言时，最好用手掌做出邀请的姿态。其次，教师应鼓励幼儿大胆表达，同时积极关注幼儿的互动愿望，捕捉有利于幼儿多向互动的因素，引导幼儿主动地互动、交流，教师要起到"穿针引线"的作用。第三，教师要发动家长的力量,多开展亲子活动,有家长的参与,幼儿的积极性会更高,为积极情绪带来良性循环。当幼儿的互动多了,发言积极了,表现活跃了,交往频繁了,对幼儿园的陌生感就会逐渐减少,慢慢爱上幼儿园的生活和小伙伴。

上海市嘉定区昌吉路幼儿园　刘颖倩

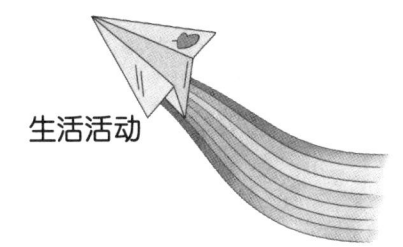

生活活动

有仪式感的早安签到墙

案例描述

时钟的指针已经指向了早晨八点半,幼儿们在幼儿园陆续吃完了早餐。这时,恩恩家长带着恩恩匆匆而来,家长一面气喘吁吁,一面催促恩恩赶快吃饭。教师面带难色,因为饭菜已经凉了,并且幼儿在慌慌张张的状态下就餐,对肠胃不好。恩恩家长催促教师:"老师,快给恩恩热饭呀。"

"恩恩妈妈,以后尽量不要晚送孩子来幼儿园,这样会打乱我们的计划。"教师轻声细语劝说道。

"没多大事儿,孩子就少玩儿一会儿。"说完,恩恩妈妈又开始催教师安排恩恩就餐。

无奈之下,教师只好一面安排其他幼儿调整状态进行接下来的活动,一面让配班教师带领恩恩就餐。最终,恩恩比其他幼儿晚了近一个小时开始当天的学习和日常活动。

一、背景

近年来,国家越来越重视学龄前儿童的教育,但是仍有家长对幼儿上幼儿园这件事情不是很重视,迟到、早退现象时有发生,影响了幼儿在幼儿园的学习、生活质量,也影响了幼儿参与各种活动的积极性。

签到这个词对于上班族来说并不陌生,签到能够督促他们准时上班,长此以往形成一种习惯。教师可以在幼儿园设置"签到墙",要求家长与幼儿来园时都必须签到,这样不仅能加强家长准时送幼儿来园的意识,也能够促进幼儿时间观念的形成。无形之中，使幼儿与家长站在同一高度，让幼儿感觉受到了尊重，有助于培养他们形成独立的人格。

二、措施

（一）签到墙要符合幼儿年龄特征

小班幼儿由于小肌肉发育得还不够，不会写写、画画，教师可以把幼儿的照片贴在雪糕棍上，让幼儿从众多的雪糕棍中找到自己的照片贴在签到墙上。当小班幼儿从众多照片中寻找自己的照片时，需要手、眼协调配合才能完成任务，于是手、眼协调能力就在无形中得到了锻炼。

中班幼儿可以通过绘画的形式签到，墙面可以每周一换，以保证留给幼儿足够的空间继续签到。另外，为保证画面的完整性，画面主题可以由教师统一规定，但要保证幼儿可以根据主题自主绘画，形式不限。如本周的主题是画太阳，下周的主题可以设置为鲜花等，最好每周的主题类型不同。针对绘画能力稍弱的幼儿，则可以求助父母，与家长一起完成绘画不仅完成了签到任务，也拉近了亲子关系，而幼儿的绘画能力也会逐渐提高。

大班幼儿，可以让他们写自己的名字，鼓励创意签名，别具一格。我们虽然不主张幼儿认字，但大班幼儿已经具备了手写的能力，可以把"签到墙签名"定义为一项活动，让大班幼儿用绘画的形式写自己的名字，就像画简笔画那样有趣，长此以往，幼儿写自己的名字会越来越像，并且能够通过签到墙认识其他幼儿的名字。

通过签到墙的预设，大、中、小班幼儿都能从签到中提升能力，还能让幼儿主动参与到签到之中，培养了幼儿独立完成一件事情的能力，也增强了自信心。

（二）让签到墙具有仪式感

每天早上入园，教师和幼儿互相问好，然后按时签到，充满了仪式感，能够引起幼儿对签到足够的重视。因为签到墙内容丰富多样，又是人际交往的好平台，幼儿不仅提升了绘画能力，也提高了交往能力和想象力。

生活活动

在有仪式感的签到中，幼儿学会了互相帮助，学会了关心、体贴同伴。有时家长忘记签到，幼儿还会提醒家长签到，这让幼儿在不知不觉中养成了今日事今日毕的良好习惯。教师可进一步引导幼儿学会做事有条理、能持之以恒地坚持做事，进而提高幼儿的自我管理能力，每天积极入园。

随着时间的推移，通过签到墙，小班幼儿还可以学会正确的握笔姿势；中班幼儿可以学习更多有趣的知识，如动植物生长、天气变化等；大班幼儿则可以练习书写数字，或完成教师在书写数字中设置的数字谜游戏，进而喜欢上数学。

仪式感的形成是把一件事情规范化，植根于幼儿内心的过程。通过签到墙使幼儿参与到幼儿园的环境创设之中，把教育蕴含其中，使教师成为教育的主导，而幼儿成为教育的主体，充分尊重了幼儿的个体差异，不仅让幼儿体会了生活的美好，还为他们每日入园带来了好心情。

河南省濮阳市实验幼儿园　梁丽菁

丰富的晨间谈话活动

案例描述

周一的早上，晨间谈话时间，教师问幼儿："小朋友，今天轮到谁来介绍'周日我怎么度过'了？"

小婷怯怯地站起来不说话。

教师请小婷走到大家面前来说一说。

小婷深吸一口气，看看教师，轻轻地说："星期日我爸爸送我去上画画兴趣班了，我画了猫头鹰。"说完小婷就低下了头。

"还有吗？"教师问。

小婷摇摇头。

教师说："小婷没有提前准备，下次可以先在家里练一练。"然后看向其他幼儿又问："还有谁想来介绍呢？"

没有幼儿举手，教师又问一遍，依然没有幼儿举手。

"那行，今天就先这样吧。"接着教师就开始组织幼儿进行盥洗、吃点心等其他活动。

一、背景

《3—6岁儿童学习与发展指南》（以下简称《指南》）指出，语言是交流和思维的工具。幼儿期是语言发展，特别是口语发展的重要时期。幼儿语言的发展贯穿于各个领域，也对其他领域的学习与发展有着重要的影响。

陶行知先生说："一切课程都是生活，一切生活都是课程，要让教育如

生活般平凡而悠长。"晨间谈话是幼儿一日活动的重要组成部分，也是幼儿语言发展的重要途径。但是在以往的教育教学中，教师更注重集体教学活动、游戏活动等，忽视了晨间谈话活动的重要性，以至于教师在组织晨间谈话时出现了这样的情况：有时草草了事、有时随意发挥、有时临时起意、有时教师"一言堂"，严重忽视了晨间谈话对幼儿学习与发展的重要价值。

二、措施

（一）选择源于幼儿世界的晨间谈话内容

谈话需围绕指定的话题，那么这个话题怎么选？选什么？怎样才能让幼儿都积极参与，有话可说呢？

陶行知先生的教育理念就包括：生活即教育，承认一切非正式的东西都在教育范围之内。也就是说，周围的一切都能成为晨间谈话的话题。

1. 贴近幼儿生活的话题

如谈话者对谈话内容具有一定的生活经验，就会促使其调动已有经验参与谈话过程。贴近幼儿生活的话题可使谈话者有话可说、有经验可分享。

2. 符合年龄特点的话题

话题要有共鸣才能引起谈话者的兴趣，才能引发谈话者的积极加入。对于不同年龄段幼儿来说，因为年龄限制、认知特点的不同，对于话题的投入与喜好也大不相同，教师需根据不同年龄段幼儿的特点来选择适合的话题。例如，元宵节的时候，大班幼儿由于对符号、文字等更有兴趣，逻辑思维发展较快，他们更喜欢与猜灯谜有关的话题；中班的幼儿由于形象思维发展较快，他们喜欢谈论赏花灯、看烟花的话题；小班幼儿则对包元宵、吃元宵的话题更投入。

3. 捕捉及时需要的话题

内在需要是驱使幼儿积极参与学习的动力，但幼儿的需要如果不能及时得到满足就会失去进一步探究和学习的欲望。因此，捕捉幼儿的及时需要、发起话题，是支持幼儿学习与发展的重要途径。如开学时幼儿园进行了绿化改造，种植了很多新的小树苗，整个幼儿园焕然一新。这引起了幼儿的关注，他们很好奇怎么多了这么多小树苗，它们是些什么树，会开花吗？于是，教师及时开展了"幼儿园的新变化"晨间谈话活动，话题从"种植园地的重新规划"到"新增的树苗种在哪儿"再到"猜猜这是什么树"等。幼儿的好奇心、求知欲得到了及时的满足，这对幼儿在植物的认识、对待周边环境变化的态度、建立班级和谐氛围等都起到了积极的促进作用。

（二）预设+生成，乐趣+启发

晨间谈话与语言教学活动中的谈话活动最大的区别在于它具有更多的灵活性、随机性、持续性。因此，晨间谈话拥有更多的生成空间。同时，因为晨间谈话所承载的教育性，使得它又必须避免随意性，所以预设话题很有必要。

1. 在幼儿发展指向的引领下预设话题

（1）对课程目标细水长流式分级细化

围绕课程计划中的生活、运动、学习、游戏、安全等一日活动各个环节需要落实的目标，围绕幼儿行为习惯养成、品德修养培养、学习品质发展的重点目标，分级分层安排在一学期、一个月、一周的晨间谈话中，有序开展。

（2）对主要活动聚焦核心式突出重点

围绕国家社会上的热点活动、幼儿园最近的大型活动、班本化特色活动等预设话题。教师要把握这些活动的核心价值，与幼儿的关键经验连接，聚焦重点、亮点与幼儿进行交流。

（3）对日常信息及时跟进式持续推进

围绕幼儿新带到幼儿园来的东西、新玩具、新植物，围绕教师昨天布置的任务，抓住幼儿眼前的信息，让幼儿在谈话中不断关注自己的事情，从自己最熟悉的事物入手，形成新旧经验的交替与拓展。如春天万物生长，幼儿带来了很多植物让班级自然角焕然一新。让幼儿介绍自己带来的植物，既是对提供植物分享的幼儿的尊重与肯定，也是拓展其他幼儿认知未知植物的机会。

2. 在尊重幼儿本位的前提下生成话题

（1）基于对幼儿晨间游戏活动情况的观察

晨间谈话的时段基本都是安排在晨间体育游戏、晨间区域游戏之后，因

此，幼儿晨间游戏情况是生成谈话内容的重要线索，同时晨间谈话也是提升幼儿晨间游戏质量的好方法。如晨间体育游戏时，有幼儿把体育器材重新组合后玩出了新玩法，或是在游戏中互相合作，解决了游戏中出现的问题。那么，在组织晨间谈话时，教师可以把这些观察到的幼儿的成长及时纳入谈话内容，由点及面推广，让个别经验成为大家的经验。

（2）基于对幼儿来园活动情况的观察

来园活动包括来园问候、来园劳动、区域选择插牌、自制游戏计划等，蕴含了多种教育元素，为幼儿提供了多样的发展可能。因此，来园活动的情况也是生成晨谈话题的丰富源泉，同时也可通过晨谈促进来园活动更高效地开展。例如，可以请幼儿介绍、分享早上来园活动时，自己参加给植物浇水、把桌椅排整齐等活动的情况。这既是对参与来园活动幼儿的激励，也为其他幼儿提供了榜样。

（3）基于对幼儿突发事件的观察

生活中常常会有一些意外、惊喜、突发事件等，幼儿活动中也会发生一些对于他们来说是特别的、有趣的、令人惊讶、激动的事情。此时如果教师能抓住契机开展相关的晨间谈话，便可激起幼儿侃侃而谈的热情。

（4）基于对幼儿安全护理的观察

保证幼儿在园健康、安全，促进幼儿自我安全保护是幼儿教育的首要目标，但由于幼儿年龄小，在安全护理上，特别是自我保护上缺乏经验，所以，在活动中教师对幼儿安全隐患的敏锐观察，利用晨间谈话及时开展相关的安全教育是帮助幼儿提高安全自护、加强幼儿园安全教育的重要途径之一。

（三）多样化组织，多元化演绎

通过多种形式组织晨间谈话，运用多样的方法来实施晨间谈话，是有效落实谈话目的、创设人人想说的谈话氛围、调动幼儿参与谈话的积极性、帮助幼儿流畅交谈的关键策略。

1. 情景再现—抛出问题—共同讨论—解决问题

教师在组织晨间谈话时，要注重谈话氛围的营造，注重谈话核心的层层推进，通过情景再现的方式引起话题，抛出问题引发幼儿思考，鼓励幼儿互相讨论发表自己的见解，通过幼儿自己寻找的答案来解决问题，促使幼儿各方面能力的提高。

2. 现场示范—直观感受—亲身体验

小班幼儿属于直觉行动思维阶段，对于空口说白话的活动不感兴趣，也不能理解。对于小班幼儿，在晨谈时，更多采用幼儿喜闻乐见的教师示范、同伴示范、哥哥姐姐示范等方式，帮助幼儿直观认知和感受，引导幼儿亲自体验，以深化和巩固经验。如小班幼儿在洗手时常常弄湿衣袖，对于正确的洗手方法不能很好地掌握，教师可以邀请大班幼儿来给小班幼儿示范，手把手指导小班幼儿学习洗手方法。教师也可以通过朗诵洗手儿歌，帮助幼儿初步掌握洗手的步骤。

3. 借助资源—利用环境—提供材料

幼儿时期属于具体形象思维阶段，教师可借助各种资源、利用周围环境、因地制宜地提供材料、图片、书籍等，推动晨间谈话的开展，提升晨间谈话的质量。例如，在谈论"我知道的昆虫"时，很多幼儿带来了自己的昆虫图书，翻着图片给大家介绍，引起了全班争相阅读的热潮。

4. 自由谈话—小组谈话—集中谈话—以强带弱

在谈话中尽可能地鼓励幼儿人人参与，通过集中谈话、小组谈话、自由谈话等不同形式、不同层面、不同要求的谈话，创设多元氛围和平台，鼓励幼儿多说、多交流、多讨论、多发言，关注个体差异，以强带弱，改变过去教师"一言堂"的尴尬。

5. 以小见大—由此及彼—持续拓展—长短皆宜

每一次的谈话切入点要小，才能谈得深入细致。很多时候，一个话题会延伸出很多幼儿感兴趣的事物，然后以此为基础，利用一周甚至更长的时间，持续推进、层层深入、不断拓展。

江苏省无锡市扬名中心幼儿园　李烨

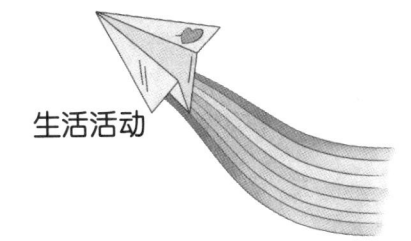

生活活动

晨间活动可以这样做

案例描述

随着幼儿园大门的打开,幼儿在家长的带领下陆续进园了。到了班级,教师招呼幼儿吃早点,随后幼儿到游戏区自由游戏。教师巡视幼儿游戏情况,哪里有矛盾或者争执,教师就迅速过去解决。早操时间,教师组织幼儿到操场开始早操,晨间时间就这样无趣地度过了。

一、背景

俗话说,一日之计在于晨。晨间时光是非常宝贵的,利用好这个时间段可以做很多有意义的事情。良好的、优质的晨间活动可以给幼儿带来一天美好生活的开始,但很多幼儿园的晨间活动像案例里那样,每天千篇一律,幼儿之间、师幼之间缺乏互动,不能调动幼儿主动参与活动的积极性。教师在组织晨间活动时,可以利用这个小小的时间段,给幼儿开展多方面的活动,这将有助于幼儿养成良好的品德和习惯。

二、措施

(一)文明小天使

礼仪是人们在社会交往活动中的行为规范与准则,是德育的一个重要组成部分,是道德修养的外在体现,是一个国家文明的标志。自古就有"不学礼,无以立"的说法,可现在的幼儿,一个个都是"小公主""小皇帝",生活里他们不会对家长或者小朋友说"请"等礼貌用语,没有主动尊重别人的习惯。

为此，教师可以在幼儿园的晨间活动"文明小天使"中，让幼儿从有礼貌地问好、敬礼开始，学习尊重同伴、教师，学会尊重别人，从而培养幼儿文明礼貌的好习惯。例如，寻找并学习身边的榜样，对最先养成文明礼貌好习惯的幼儿给予积极的表扬，鼓励越来越多的幼儿加入"文明小天使"的行列；也可以在晨间接待时，专门请两位幼儿轮流在教室门口和教师一起接待同伴入园，互相问好。这样的活动如果从小班下学期就开始，则更容易使幼儿养成懂礼貌的好习惯。

（二）值日生活动

1. 为他人服务

当前，大多数幼儿是家庭的中心，受到众多亲人的宠爱。家长们多关心幼儿的衣食住行，也很重视幼儿的智力发展，却往往忽视了培养幼儿的劳动习惯。家长事事都替幼儿做好，使幼儿衣来伸手、饭来张口，不仅会使他们缺乏最基本的自理能力，更没有让幼儿形成为他人服务的意识和能力。在幼儿园中，早上值日生为花草浇水，为小朋友挂擦手的毛巾，整理书包柜、玩具柜等活动，既能够让幼儿通过自己的劳动为他人服务，体验到帮助别人的快乐，同时也是幼儿责任感形成的最好过程。

2. 关注身边的人和事

我们希望幼儿可以关注身边的事情，可以拥有一双会观察的眼睛，拥有一颗善于发现的心灵。教师可以要求值日生头天晚上在家长的帮助下记录第二天的天气预报，再收集一个小朋友感兴趣的新闻，第二天早操前在全班小朋友面前播报天气或分享新鲜事。这样既培养了幼儿从身边的事情入手、善于观察和积累的习惯，也锻炼了幼儿大胆表达的能力。

有时候做值日生的幼儿也会疲倦，感觉别的小朋友都在玩儿，而他却在做事情。当为集体服务的荣誉感不能支撑值日生继续为大家服务下去的时候，教师可以采取鼓励或给予分发物品的权利等方式，让值日的幼儿有坚持下去的动力，培养幼儿形成坚持的习惯。

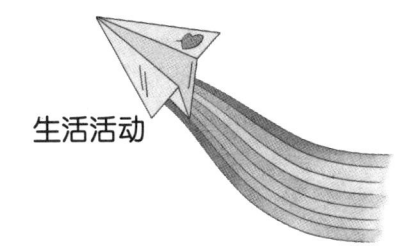

生活活动

（三）大家一起来点名

幼儿时间观念较差，起居习惯需要成人帮助培养。如果父母本身经常睡懒觉，想什么时候送幼儿去幼儿园就什么时候送，必然会对幼儿产生不良的影响。时间久了，幼儿就会形成行为上的拖拉、懒惰，缺乏时间观念，上小学后很难适应纪律的约束。另外，家长送幼儿上幼儿园时，教师正在组织教育活动，一声"老师早上好"会把幼儿们的注意力全部吸引到迟到者身上，这样一来，教育活动会受到打扰。

守时是一种文明，也是一种美德，不仅是对别人的尊重，更是对自己的尊重。家长本身要有这种觉悟，重视迟到这件事，改善自身的教养观念。作为教师，每天早餐之后的时间，可以让当天的值日生给每个幼儿分发他们的名字卡，然后全班幼儿在教师的指导下把自己的名字卡放到贴有自己名字的小格子里，通过这种点名方式培养幼儿的时间观念、任务意识。对于请病假的幼儿，教师要告诉其他幼儿他们不来幼儿园的原因，并打电话慰问患病幼儿，鼓励小朋友对同伴表达自己的关心。

晨间活动的时间虽然忙碌，幼儿要吃早餐、要自选游戏，但只要根据班级幼儿的特点，从长远的个人品质培养出发，抓住契机，给幼儿的心灵播下美好的种子，一定可以让幼儿的明天更加美好。

四川省成都市成都高新区和美实验幼儿园　刘冬梅

小班幼儿排队，也可以井然有序

案例描述

要进行早操了，一名教师组织幼儿排队，另一名教师督促幼儿收玩具准备早操，但有些幼儿没有收玩具的意识，把玩具一扔，无所事事起来；还有些幼儿不愿意收玩具，磨磨蹭蹭的，教师等不及，只能帮助他们收玩具。而组织排队的教师不停地呼唤着幼儿的名字，提醒他们来排队，费了好大的劲才勉强把队伍集合好。但是站队没一会儿，就开始有幼儿来回走动，甚至有幼儿自顾自地离开，还有些调皮的幼儿你推我挤，需要教师不断地提醒，一次次重新组织排队。

早操结束后，教师发出排队的指令，只有部分幼儿能回到教师身边，有些幼儿干脆假装没听见。教师一个一个点名让幼儿排队，结果叫回了5个、跑掉了3个。教师拉着第一个幼儿排队进活动室，有的幼儿不会紧跟着前面的同伴走，有的傻傻站在原地，有的随意走动，看不到整齐的队伍。

一、背景

小班幼儿排队难是幼儿园教师的共识，但排队又是幼儿园集体生活中安全的需要，是幼儿园活动得以良好开展的保障。

对于刚入园的小班幼儿，他们几乎没有排队的意识，也就是说，他们根本不知道排队是怎么一回事。加上新入园的幼儿对幼儿园的一切充满好奇，自控力差、坚持性不够，各种干扰因素使教师的指令往往起不到多大作用，于是出现了需要不断重复排队的现象。如何吸引幼儿排队，如何让已经排队

的幼儿稳定在队伍里？如何轻松愉快地组织好排队这个非常重要的环节呢？这需要教师了解幼儿的排队心理。

1. 渴望亲近教师

每当教师发出口令"排队了"，许多幼儿会争着抢着拉教师的手，有的幼儿甚至顾不上归放玩具就来排队，抢在第一的幼儿会很开心，没有抢到第一的幼儿不高兴。小班幼儿都喜欢亲近教师，喜欢拉着教师的手，他们认为拉着教师的手表示教师最喜欢他，所以都想抢到第一。

2. 规则意识薄弱

队伍在行进的过程中时常会发生幼儿鞋子脱落，或掉了什么东西等状况，一个幼儿停下来，后面的幼儿都跟着停下来。有些幼儿在行走的时候喜欢一会儿跑一会儿停，后面跟不上前面速度的幼儿反应不过来就会摔倒，导致整个队伍状况不断。还有一些幼儿因为调皮，喜欢插队、捣乱等，这些都是因为幼儿规则意识薄弱导致的。

二、措施

（一）排队角色化，游戏与组织的统一

富有情节的角色排队，让幼儿在游戏中完成排队。

每次教师在发出"收玩具"的指令后，隔三分钟就会再次发出"谁来乘我的小火车"的游戏指令。教师当火车头，开着小火车围着活动室绕圈，一边请已经收拾好玩具的幼儿上车，一边提醒和帮助其他的幼儿迅速收拾整理玩具，加入游戏。因为幼儿都想乘坐教师的小火车，所以玩具收拾的速度就会加快，气氛既轻松又愉快。教师指导到位，省心又省时。

当火车开到活动室门口，教师发出指令"咔——嚓，火车到站了，开始检票。"幼儿在咔嚓声中停住了脚步，不再往前走，使不安全因素降到了零。

当然，教师还可以不断变换小火车，如单轨车、双轨车等，在游戏的情境中，幼儿排队的热情日益高涨，排队的意识会逐步增强。

（二）排队固定化，规则与自主的统一

俗话说，无规矩不成方圆。排队时，可以让幼儿按照身高和小组顺序，一个接着一个排队，并让幼儿记住自己拉手的同伴是谁、前面的同伴是谁、后面的同伴是谁。由于固定了排队的位置，幼儿争着与教师拉手、插队的现象就会逐渐消失。

规则与自主统一又矛盾，集体生活必须在规则的基础上体现自主。规则的建立，不是靠说教，是一种榜样的示范。排队的固定化，可以让幼儿的自主排队变得非常有序。

（三）规则合理化，集体与个体的统一

幼儿在排队中经常会出现一些小问题影响整个队伍，这是集体与个体的矛盾冲突。也就是说，如果教师给幼儿传递的指令缺乏合理性，只考虑集体性，没有顾及个体情况就有可能引发集体与个体的矛盾冲突。例如，教师要求幼儿排队做事情，没有考虑等待的时间问题及幼儿个体之间的控制能力。教师应通过观察与分析，制定出合理的规则，充分考虑个体与集体的矛盾，力争让集体的利益与个人的需要统一起来。

（四）方法系统化，活动与环境的统一

在实施过程中，我们会发现"标记提示"和"教育活动"的有机结合可以取得良好的教育效果。教育活动是帮助幼儿建立排队意识的有效途径，"标记提示"是幼儿加深排队意识和习惯养成的有效手段。例如，针对幼儿排队喝水缺乏耐心的现象，可以生成"怎样减少等待时间"活动，教育幼儿认识各种接水、喝水的标识，并把这些标识贴在饮水处，帮助幼儿逐步建立起时间概念和规则意识。每一个需要排队的环节，都可以进行一次集体教育活动，然后用环境标识不断提示，刺激、强化幼儿的排队意识，让幼儿知道排队的重要性，促进幼儿良好习惯的养成。

江苏省无锡市新吴区和风幼儿园　钱燕芳　邵映

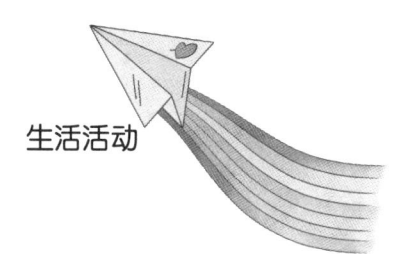

生活活动

让小班幼儿良好进餐

案例描述

今天吃的是香菇红烧鸡腿,班上有一大部分幼儿不喜欢吃香菇,只要有香菇就会用小勺在碗里翻来翻去,嚷着说香菇的味道难闻。虽然说不喜欢吃,但是到最后,大部分幼儿还是能够把香菇吃完。今天的用餐时间,我巡视一圈后,看到茜茜把鸡腿全部吃完了,但香菇一点儿没动。我蹲下来对她说:"茜茜,你怎么不吃香菇呢?"

"不吃,不好吃。"

"你看,别的小朋友都把香菇吃完了,香菇很有营养,小朋友不能挑食哦,这样才能保证营养均衡。"

茜茜左右看看,很不情愿地用小勺舀起一块香菇往嘴里送,嚼了好久才咽下去。

过了一会儿我再去看她时,发现茜茜的桌子上掉了不少饭菜,而且桌子下面还扔了一些香菇,无论怎么说,她都不愿意再吃一口。

一、背景

《指南》提出,帮助幼儿养成良好的饮食习惯;《纲要》中要求,帮助幼儿养成良好的饮食、睡眠、盥洗、排泄等个人生活、卫生习惯和爱护公共卫生的习惯。从这些目标中可以看出培养幼儿良好饮食习惯的重要性。

餐桌礼仪在人的生活中占有非常重要的地位,3~6岁不仅是幼儿智力潜能发展的关键时期,也是身心健康成长的黄金时期,更是培养文明礼仪与良好学习生活习惯的奠基时期。教师在狠抓幼儿一日活动各环节管理中，应把幼儿在进餐过程中出现的共性和个性习惯问题作为重点，通过与家长密切沟通、合作，摸索出一套适合小班幼儿特点、简单易行的正确进餐方法，较好地解决小班幼儿挑食、偏食等一些不良进餐习惯，保证幼儿的健康发展。

二、措施

（一）宽松和谐的进餐环境，让幼儿愉快进餐

幼儿健康教育实施中，不仅要重视物质环境的创设，更应该重视心理环境的创设。物质环境是幼儿学习和探究的中介和桥梁，比如创设"饭菜香，我们爱吃"的主题墙饰，将幼儿吃饭时存在的普遍问题拍成照片，让幼儿观察、寻找，对号入座，从而了解哪些行为是不对的。饭前洗手、饭后漱口也是科学进餐的重要组成部分，为了使这些内容深入每个幼儿的内心，教师一方面可以把步骤图展示在墙上，编写成儿歌，让幼儿照着去做，这种生动活泼的形式能够收到事半功倍的效果。

宽松和谐的精神环境、平等亲切的师生关系，可以使幼儿进餐时心情愉快，有利于增进幼儿食欲。进餐前，可以让幼儿观看感兴趣的动画片、念儿歌，放松幼儿的情绪；进餐过程中，可以有选择地播放一些优美悦耳的旋律，让幼儿边进餐边欣赏音乐。

（二）生动有趣的健康活动，让幼儿积极进餐

在设计每一个活动的过程中，教师应力求遵循游戏化、趣味化、幼儿化的原则，将健康活动变成幼儿喜爱并乐于接受的活动。童谣，朗朗上口、富有童趣，很容易被幼儿理解和接受。如童谣《我来扮个大老虎》，教师根据童谣创编了简单易学的动作，幼儿非常喜欢。在进餐时，当有幼儿挑食或者剩饭时，教师可以说："我来扮个大老虎，啊呜！啊呜！全吃光！"这样幼儿就会不由自主地模仿大老虎吃起饭来；又如，在欣赏故事《小胖猪喝粥》的过程中，教师一边讲故事，一边做小胖猪喝粥的动作"舀一勺，喝一口"。幼儿爱模仿的天性立刻被这个动作吸引，于是便会愉快地重复练习这个技能；

生活活动

再如,在律动《香甜的饭菜》中,当幼儿念到"吃不烦"时,情绪高涨,歌词里涉及了部分幼儿平时不爱吃的大蒜、青椒、香菇等,幼儿在做律动中便能够潜移默化地学习不挑食。

(三)形式多样的游戏活动,让幼儿正确进餐

游戏是幼儿最喜爱的活动形式,在幼儿一日活动中,除结合教学内容对幼儿进行进餐习惯的培养外,还应抓住幼儿好玩的心理特点,把洗手、漱口、收拾餐具等编成不同形式的游戏,使幼儿在轻松有趣的游戏活动中学会正确的进餐方法。如在生活区,提供调羹、瓶子、塑料小颗粒等材料,指导幼儿用调羹给瓶子"喂饭"。幼儿可以借此逐渐掌握拿调羹的方法,对餐具的使用能力会得到大幅度提高;又如在"小动物最喜欢谁"游戏中,教师准备了一只可爱的玩具动物,告诉幼儿谁能专心吃饭、不挑食,小动物就会来找他做好朋友,并与好朋友握手等,这可以激发幼儿的用餐兴趣;再如"小饭粒在跳舞"游戏中,教师以小米粒的身份告诉幼儿吃饭时要专心,并通过示范,让幼儿学会正确的进餐方法。

(四)持之以恒的督促检查,让良好的进餐习惯逐渐形成

培养幼儿良好的习惯不是一朝一夕的事,教师应经常督促、检查、提醒幼儿,使幼儿已形成的良好习惯得到不断的强化,逐步形成自觉的行为。教师可以用相机将幼儿的进餐情况拍摄下来让他们观看、自查或检查他人进餐的做法是否正确,最后由教师进行小结。教师也可以采取激励措施培养幼儿的好习惯,如针对剩饭现象创设"我不剩饭了"主题墙,把每个幼儿的照片贴在墙上,只要幼儿每顿饭都吃光,就可以获得一面红旗,每周得到三面红旗就可以获得教师奖励的一个小玩具,以后逐渐提高要求,借此激励幼儿不断进步。

(五)因人而异的个别指导,让良好的进餐习惯得到强化

每个幼儿都不一样,进餐情况也不一样,对于娇生惯养或自理能力差的幼儿,教师要给予特别关注或个别指导。如小班新入园的杰杰,一到午餐开饭就哭，不吃幼儿园的饭。教师通过了解发现，杰杰的爸爸在外打工，妈妈生病不方便照顾他，因为是独生子，爷爷奶奶对他特别溺爱，在家不喂饭就不吃。针对这一情况，教师可以尝试采取以下方法：给杰杰盛饭时故意盛得量少一些；在进餐过程中，只提醒杰杰怎样吃饭，其他的不给予太多的关注、提醒，减少他的心理压力；每当杰杰吃完自己的餐饭，便及时给予鼓励、表扬等，慢慢改变杰杰的进餐习惯。

（六）家园双方的共同配合，让良好的进餐习惯得到延伸

培养幼儿形成良好的饮食习惯需要长期的坚持，更需要家长的配合。教师可以召开家长会，结合《指南》对家长进行有针对性的指导，讲解偏食、挑食对幼儿的生长发育带来的严重后果，改变家长的观念，然后与家长共同探讨帮助幼儿建立良好进餐习惯的方法。教师也可以让有经验的家长分享自己的方法，创设家长乐意说、乐意听的氛围，以便大家互相学习、帮助。除了召开家长会，教师也要充分利用QQ群、微信群等沟通手段，让家园沟通更及时，更好地培养幼儿健康饮食的习惯，减少幼儿的挑食现象。

江苏省海安市曲塘镇李庄幼儿园　吴娟

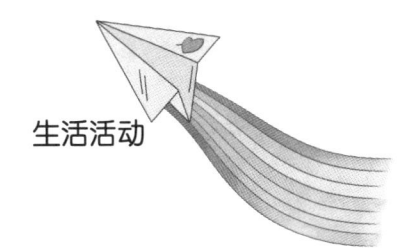

生活活动

☀自助餐点

案例描述

结合课程游戏化,午餐时尝试自助餐点模式,更好地彰显幼儿的主人翁意识。午餐时,幼儿对自助餐点很是兴奋。萱萱说:"咦,今天有好吃的糖醋排骨,我等一会儿要多吃点。"

轩轩说:"怎么有韭菜啊,我不喜欢吃,等会儿我可以不拿吧!"

晨晨说:"排骨和韭菜我都喜欢吃,等会儿我就多拿一点儿菜,少吃一点儿饭。"

……

幼儿根据自己平日的饮食爱好,自由表达着对今日食谱的想法。自主盛饭时,他们根据自己的意愿盛饭菜,但问题接踵而至:

"老师,我们的排骨没有了,我还没有盛到啊!"

"老师,我没有米饭了,欣欣拿了很多米饭!"

"老师,阳阳没有盛韭菜,他挑食。"

……

一、背景

《指南》中指出,生活活动就是要帮助幼儿养成良好的习惯,适应共同的生活。幼儿园要为幼儿创设良好、宽松的生活环境,开展形式多样的活动,让幼儿不断积累健康生活经验,逐步养成各种良好的生活习惯。教师应充分利用园内设施,为幼儿创设自己动手自我服务的机会。

在幼儿就餐时，会经常发生诸多问题：

1. 教师包办代替过多：餐前、餐中和餐后，教师不停地忙前忙后，准备饭菜、帮助个别幼儿喂饭、收拾餐桌等；

2. 幼儿用餐习惯较差：有的幼儿挑食严重，有的幼儿边吃边玩儿，有的幼儿吃饭时把桌上、地上弄得到处都是饭菜。

为了改善幼儿的用餐习惯，更好地将就餐活动融入课程游戏，教师可以大胆地将自助餐活动融入幼儿一日生活中，让幼儿能轻松、自然、愉悦地用餐。

二、措施

（一）自助餐经验分享与交流

为了让幼儿真正地了解自助餐，教师可以利用晨间谈话时间，和幼儿一起交流分享自己吃自助餐的经验，鼓励幼儿大胆分享自己的经历。例如，一次分享交流时，杰杰说："我吃过自助餐，那里的食物、餐具、水果都要自己动手拿，有序排队。"杰杰的分享引来了萱萱的补充，萱萱说："大家自己拿食物，但是大家都不浪费。"就这样，由幼儿讲授的经验会对其他幼儿接触"自助"定义起到事半功倍的效果。

（二）充分利用园内资源，设立值日生

最初实行自助餐制度，可能会出现各种问题，如场面混乱、幼儿排队打闹、无目的地选择饭菜、浪费饭菜等，教师可以尝试设立值日生制度，邀请值日生一起做餐前的准备工作，与幼儿约定不要浪费粮食。每组设立一名值日生，为期一周为大家服务。餐前值日生负责数清组内成员，然后到教师那里领取相应的饭碗、汤碗、筷子等，教师只需根据值日生上报的小组人数分发每组适应的饭量与菜量，大大节约了管理成本。值日生还需负责监督组内同伴桌面是否保持整洁，待组员全部用餐完毕后，值日生要用半湿的抹布擦桌子。有了值日生的协助，自助就餐的餐前准备会变得有序，幼儿的等待现象会比之前减少许多。

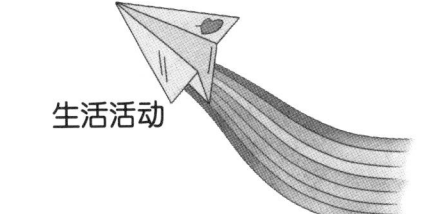

（三）及时为家长解惑，取得家长的信任

许多家长会觉得幼儿年龄小，担心幼儿在自助就餐时出现吃不饱、吃不好等情况。对此，教师要重视与家长沟通，只有取得家长的信任，自助就餐活动才能够顺利开展。通常家长对幼儿自助就餐会有两大疑问：

疑问一：内向的幼儿会不会吃不饱？

因为幼儿有差异性，一个班集体中少不了一些幼儿内向、不爱说话，这类幼儿是家长们比较担心的类型之一。活动前，为消除家长的顾虑，教师应耐心地向家长解释："所谓自助，不是幼儿想吃就吃，不想吃就不吃。为了让幼儿吃饱，定量的饭和汤都是准备好的，还有值日生协助，不会发生幼儿吃不饱的情况。"教师也可以与家长聊一聊当天的菜谱，说说幼儿在用餐时的表现，拉近与家长的距离。

疑问二：挑食的幼儿会更挑食吗？

有些幼儿喜欢挑食，自助餐的形式可以有效改善幼儿因为"挑食"导致的营养不良。首先，所有的菜都是保健医生根据营养成分配置的，热量、蛋白质、糖、脂肪的比例都达标。其次，因为自助餐的氛围好，有的幼儿会很自然地起到带动作用，如有幼儿经常会说"这个菜很好吃，我那天吃过"或是"我今天吃这个，你吃吗"等。幼儿的帮带效应，能够对其他幼儿起到非常好的引导作用。如一次放学时，姜姜妈妈主动找到教师说："现在姜姜变化可大了，没有以前那么挑食了，谢谢你们对孩子的鼓励与帮助。"

自助餐活动的有序开展更好地激发了幼儿愉快进餐的情绪，促进了幼儿良好饮食习惯的形成和自理能力的提升，进一步培养了幼儿良好的进餐礼仪，锻炼了同伴之间的交往能力与自我服务意识。自助餐活动的开展也为幼儿提供了自由选择的空间，充分发挥了幼儿进餐的主动性。教师要做幼儿自主、自助午餐的服务者和支持者，做幼儿快乐进餐的陪伴者，更好地让幼儿学会自己用餐。

江苏省无锡市新吴区和风幼儿园　李丽

餐后自由散步

案例描述

餐后散步时间，教师带着幼儿在场地上自由地走走，懒得组织活动，对幼儿不管不问、放任自流，幼儿则呈现出完全无组织、无纪律的状态。后来，见园长从前方经过，该教师急忙催促幼儿排起队来，幼儿们像一群小鸡一样跟在教师身后，排起长长的队伍。他们来到小花园，有幼儿发现路边有很多蚂蚁聚集在一起，于是好奇地蹲下来观察，教师见此也蹲下来与幼儿一起观察蚂蚁，试图引导幼儿们一起观察蚂蚁的行为特点，临时组织了一场观察学习活动。但是由于队伍过长，只有前面小部分幼儿能够观察到蚂蚁，后面的幼儿则有的聊天、有的追逐打闹、有的坐在一边等着队伍前进。

一、背景

《指南》指出，幼儿园应多为幼儿提供自由交往和游戏的机会，鼓励他们自主选择、自由结伴开展活动。我们希望幼儿园一日活动中每个环节都能做到让幼儿自主、自由地完成，饭后散步活动亦如此。虽然散步活动在幼儿园的一日活动中所占的时间不长，但它是幼儿一日活动中的必要环节。适当的饭后散步活动能促进幼儿身心的健康发展，从小培养幼儿良好的饭后散步习惯，对幼儿的健康成长具有十分重要的意义。通过散步展开一系列有意义的活动，可以使幼儿开阔视野，增长见识，更能培养幼儿与外界的社会交往能力。但是餐后散步现状不容乐观，部分教师忽视了幼儿的主体性，在散步过程中对幼儿干涉过多，散步地点、内容、规则都由教师全程制定，幼儿的

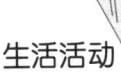

积极性、主动性得不到更好的发挥，这样忽视幼儿主体性的散步活动，达不到餐后散步的真正意义。

二、措施

（一）定点——划分区域，定点散步

根据幼儿的兴趣，可以把幼儿园室外环境划分为沙池戏水区、草坪野战区、缤纷五彩区、快乐涂鸦区、艺术长廊区五大块区域，让幼儿在丰富多样的环境中进行散步活动，从不同领域获得感官和认知的发展。定点活动内容设置可参考以下三点。

1. 沙池戏水区，润物细无声

在幼儿园，幼儿最感兴趣的莫过于玩水和玩沙。教师可以根据季节的不同，给幼儿不同的选择。在这里幼儿可以比较沙子的松软和木板的坚硬，可以适度玩水、观察鱼儿的游泳姿势……和其他幼儿分享自己的感受和想法，也为午睡环节做了无声的铺垫。

2. 草坪野战区，细细品自然

幼儿最喜欢徜徉在大自然的怀抱中，草坪野战区包含了草地、树木、小山坡、石头小道、梅花桩等。餐后散步能让幼儿在大自然中自由自在地活动，亲身体验、观察各种花草、树木以及天气的变化。教师可以让幼儿闭上眼睛感受一下风吹到脸上、太阳照在身上的感觉，这些都有助于培养幼儿善于观察和发现的良好习惯。

3. 艺术长廊区，赏析促成长

在艺术长廊区，有充满童趣的幼儿作品，有富有美感的教师作品，更有高大上的大师级作品。饭后，教师可以组织幼儿来到艺术长廊欣赏各自喜欢的艺术作品，培养幼儿对艺术的兴趣，丰富他们的感性经验，感受何为表现美、创造美，以及想象美。幼儿在长廊上走走说说，既促进了幼儿之间的交往，又使散步活动的内容更加丰富。

（二）定内容——根据需求，自主商议

中大班的幼儿已经有了很强的自主选择意识和自我服务意识。教师可以通过平时的了解，从实际出发，在和幼儿商讨散步内容的过程中，尊重每一名幼儿提出的关于饭后散步的自由意愿和内容。这既体现了幼儿在散步活动中的自主性，又为教师在散步环节的引导方式上提供了方便。如幼儿提出的散步内容比较单调，教师可以提供帮助，使他们提出的散步内容更加丰满。

1. 想做什么

在决定散步内容前，教师可以问问幼儿到了想去的地方准备做什么事，然后把他们商议的不同内容分类，选出三种适合本区域的散步内容，有目的地开展自主散步活动。

2. 准备怎么做

定好了散步地点和内容后，幼儿会根据当天散步内容选择一些需要的"工具"。例如，在草坪野战区，有幼儿选择带放大镜观察小树苗，有幼儿带传声筒比较洞内的声音和传声筒里发出的声音的区别，也有幼儿带上玩具小车在山坡上比速度，等等。

幼儿对每周经过这样细致的讨论形成的散步内容兴趣十足，这既增强了幼儿散步的积极性，也丰富了散步的内容。

附：一周散步计划表

时间	地点	内容	准备材料
星期一	沙池戏水区	踩沙子、戏水、钓鱼	洒水壶、钓鱼竿
星期二	草坪野战区	观察小树苗、听洞内声音、小山坡赛车	放大镜、传声筒、玩具小车
星期三	缤纷五彩区	走五彩塑胶地、说唱游戏、过障碍	无
星期四	快乐涂鸦区	随地涂鸦、趣味迷宫、想象涂鸦	粉笔、颜料、刷子
星期五	艺术长廊区	欣赏美术作品、童话表演	服装道具

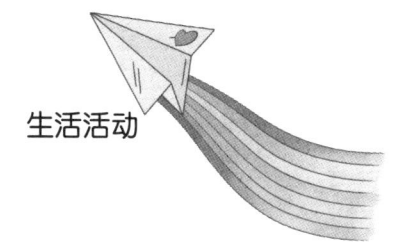

（三）交流分享，快乐创造

散步的内容是多姿多彩的，每次幼儿散步回来都会表现出"有话要说"。教师可以趁机设立交流分享环节，在每次散步后安排幼儿说一说、画一画。让幼儿自由自在地想说、敢说、愿意说，并学会试着分享喜悦和幸福。

1. 说一说：交流发现

散步的时光是短暂而快乐的，幼儿会把这种快乐延续。散步结束后，他们可以选择席地而坐，和大家分享自己散步中的发现和收获。

例如，有一次，幼儿在草坪野战区看到了草地上有几棵小绿苗，就非常好奇地蹲下来摸摸它们。

伊伊说："这个很像我们吃的青菜！"

杨杨说："这是食堂阿姨种在这里给我们吃的青菜吧！"

优优说："下回我们来散步时，它们一定长得更高了！"

于是，在最后的交流环节，这几名幼儿非常积极主动地把这些发现分享给大家，经过分享，促进了他们对散步中发现的新事物进行思考。

自主的散步，对幼儿来说，完全是开放式的散步。此时教师的角色是作为朋友和幼儿一同散步、观察、交流。当教师看到新鲜好玩儿的事物时，可以提出问题，请幼儿讨论、交流、想象、创造，找出问题的答案。比如，有一次教师光着脚丫在草地上走路，感受小草的柔软，然后又在旁边的鹅卵石上走路，比较两者的区别。幼儿看到后，开始模仿教师的行为。散步结束后，教师让幼儿讨论在两种不同的路面上走路的区别，幼儿相互交流着各自的感受，这种活动进一步丰富了幼儿的知识和经验！

2. 画一画：展示见闻

幼儿总有天真烂漫的美好愿望，每天都会蹦出各种新奇的想法。散步后，教师可以让幼儿用绘画的方式把一些创意、想法收集起来，让这些创意、想法保存得久一点、美一点。

（四）结语

与大自然的亲密接触，既提升了幼儿对社会环境的认知，又提高了幼儿对周围事物的观察和探索能力。散步活动中的自主看、听、摸、玩的感知思维活动,也更好地发展了幼儿的语言表达能力,促进了幼儿之间的交流和沟通。作为教师,要学会适度止步,在幼儿自主散步活动中由一名引导者转变成观赏者。幼儿不仅是有能力的学习者,也是有能力的思考者,他们有自己面对问题的勇气和独特的解决问题方式。教师需要随时随地重新认识幼儿,以便在不同环节体现教育智慧。

江苏省无锡市新安中心幼儿园　陆瑜

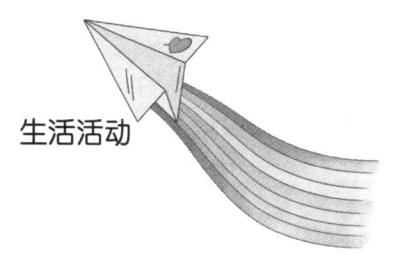

生活活动

消除过渡环节的消极等待

案例描述

喝水环节,幼儿们排着长队等着接水。期间,有两名幼儿前后打闹,波及了其他幼儿。有幼儿向教师"告状",教师大声呵斥引起"风波"的幼儿。于是,呵斥声、哭闹声此起彼伏……

一、背景

"一日生活皆活动"是幼儿园一日生活的中心,幼儿的一日生活是由进餐、喝水、睡眠、盥洗、教学、游戏等各种活动组成的一个有机整体,存在于这些环节之间的时间被称为过渡时间,相应环节则被称为过渡环节。它是非正式的,是闲散的,自由活泼的。《纲要》中提到,幼儿教育是基础教育的重要组成部分,是我国学校教育和终身教育的奠基阶段。幼儿园一日生活中存在的过渡环节,是我们可以充分利用的教育资源。

(一)一日生活过渡环节消极等待的问题梳理

通过班级内的自主观察、同教研组教师之间的观察交流、上网查阅资料等方式,加之对幼儿园一日生活的过渡环节进行深入的分析,我们发现教师在组织一日活动过程中存在着明显的消极等待现象,具体表现为:

1.过渡环节"游离化"

较多教师在一日活动中只重视课堂教学与幼儿参与的集体活动,忽视了对过渡环节的准备,并没有意识到过渡环节的重要性与独特性。当一个环节向另一个环节转换的时候，教师常常很随意地组织幼儿，使得过渡环节与其他活动脱节。如很多教师没有关注到课间休息的教育价值，于是就在保证安全的状况下放任幼儿在这段时间的行为，使得幼儿的发展没有连续性和过程性的统一。

2. 过渡环节"单一化"

在日常活动环节的转换中，教师往往是让幼儿如厕或是排队喝水，幼儿一听到指令，便蜂拥而至，这期间的打闹玩耍都带有安全隐患。而教师却忙于准备下一环节活动所需的材料或者忙于做一些其他事情，淡化了对幼儿的观察、沟通和指导，造成了幼儿消极等待、无所事事等情况的发生。

3. 过渡环节"两极化"

现代社会由于二孩政策的开放，幼儿教师稀缺，越来越多的幼儿园引进了"新鲜血液"。引进"新鲜血液"的同时，新教师把握不好"教学"和"指导""管理""放养"的关系，在过渡环节经常出现"管则限""放则乱"的情况。例如，有的教师不尊重幼儿的意愿，管得多、管得严，过于机械化地做同一件事情；而有的教师觉得过渡环节可以放一放、松一松，便让幼儿闲散于教室之中，整个班看上去杂乱而无序。

（二）一日生活过渡环节消极等待的原因分析

1. 忽视个体差异——理念缺失

《纲要》指出，尊重幼儿在发展水平、能力、经验、学习方式等方面的个体差异，因人施教，努力使每一个幼儿都能获得满足和成功。幼儿的素质和天资只有当他每天都有时间从事自行选择的、喜爱的活动时才能得到发挥。因此，帮助幼儿有效利用空余时间就是创造宝贵财富。但同年龄段的幼儿存在较大的个体差异，一些教师不知道如何合理地针对差异不同的幼儿组织相应的过渡环节，使过渡环节彰显其真正的意义。

2. 环节安排松散——引导缺失

幼儿园作息制度是幼儿园安排一日活动的基本准则，幼儿园一日活动都是根据作息时间安排的。很多幼儿园的作息制度安排得很细化，这样的时间

安排,虽然给教师提供了时间参考,给幼儿园管理工作带来许多便捷,但却限制了教师自由组织活动的时间,更限制了幼儿自由玩耍的时间。很多教师严格按照园方的作息时间表组织活动,每天像打仗一样从一个活动快速转换到另一个活动,使过渡环节变得毫无意义。

3. 过渡组织弱化——学习缺失

在过渡环节,幼儿的消极等待一般分为两种:一种是身体动作或面部表情上的消极等待,一种是幼儿精神和思想上的消极等待。前一种主要是通过外显行为(主要包括动作或表情)呈现出来,容易被教师发现、察觉;后一种则是隐性的消极等待,存在于幼儿的意识之中,教师不易察觉。而消极等待最根本的原因来源于教师,教师自身的专业素养、教育理念、正确的儿童观等因素都会对幼儿的消极等待产生影响。

二、措施

从上面的分析了解到,造成幼儿消极等待的原因来自幼儿园、教师和幼儿自身三方面。因此,探索提高一日活动过渡环节有效性的方法也应该从这几方面"对症下药",才能"药到病除"。

总体来说,从尊重幼儿的主体性出发,要在合理、科学地安排作息时间的基础上,考虑教师本身的能力和实际状况,充分挖掘过渡环节的教育资源,抓住过渡环节中良好的教育契机,找到组织过渡环节的有效方法。

(一)从幼儿适应活动到活动适应幼儿的"理念无痕"策略

1. 幼儿日常活动,有节奏地更替

在幼儿园生活中,幼儿存在个体差异,且个体差异较大,而幼儿园一日活动中需要过渡环节,这不仅是适应日常教学活动有节奏更替的需要,而且是适应幼儿日常身心活动有节奏更替的需要。这两种情况在日常的教学中既有区别,又互相交织在一起。以前,我们并没有明确地意识到幼儿在活动中身心转换的需求,而只是单纯考虑了教学转换的需要,用教学的转换生拉硬拽地取代了幼儿身心转换的需要。

2. 尊重身心节奏，重合交叉皆可

我们不能否认这两种节奏的更替也存在着一定的重合与交叉，但从实质上来分析，幼儿的身心节奏与教学活动更替的节奏是两种完全不同的概念。幼儿的身心节奏是有个体差异性的，不同的幼儿有不同的身心转换节奏，不能用整齐划一的时间或标准来加以评价，应尊重幼儿的自身节奏；而教学活动的转换则是一个人为规定的节奏，主要是为了节约集体活动时间。所以，我们在教学实践中应适当调整时间的设置，寻找如何处理两种节奏转换的适宜方法，在尊重幼儿身心的同时也能顺利地进行教学活动。

（二）从简单拼凑活动到设计学习历程的"引导无痕"策略

1. 建立规则意识，提高自律能力

只有建立了科学的常规，幼儿才可以在一日生活过渡环节中自主地完成教师组织的活动。如分组如厕时，教师根据幼儿的分组，准备相应的几段音乐，每段音乐的时间刚好是每组幼儿如厕的时间。根据音乐的顺序，每组幼儿有序如厕，并在音乐结束时回到座位。等幼儿熟悉了自己小组的音乐后，就可以随意调换在本小组的如厕顺序，这种方法既强化了规则性，又增强了趣味性。又如，午睡前教师要求幼儿穿脱衣物后摆放的位置、衣物折叠的方法等。假以时日，教师只需要播放音乐或故事音频，幼儿就可以边听音乐（故事）边有序地做午睡准备。幼儿可以将一段音乐、一个故事作为完成过渡环节任务的时间依据，音乐、故事、沙漏一旦停止，自己的任务就应该完成，教师不再需要用语言催促。这样既营造了一个温馨舒适的空间环境，又使幼儿们养成了自觉自律的生活习惯。

2. 分配多种任务，锻炼服务意识

叶圣陶先生说："凡为教，其目的在于达到不教。"在一日生活环节中，可以开展"我是值日生""我是小小管理员"及"我是故事大王"等活动，让幼儿尝试完成一项任务，由易到难锻炼幼儿的能力。等幼儿到了大班，可以逐步提升要求，观摩幼儿完成任务的情况后进行评比，评出"星级值日生""优秀管理员"或"故事大王"等，还可以让幼儿用相应的荣誉找教师兑换相应

生活活动

的奖励。这样，既培养了幼儿完成小任务的兴趣，又提升了幼儿完成任务的能力。

就过渡环节本身来说，教师只有重视幼儿园一日活动中的过渡环节，才能有机会去发现并挖掘其中蕴含的基本教育价值。而这一切的前提则在于尊重幼儿、理解幼儿。在过渡环节中，教师要根据实际情况，在满足幼儿兴趣的前提下，引导、支持他们的活动，让过渡环节发挥其独有的教育功能。

（三）从牵引幼儿学习到牵手幼儿共学的"学习无痕"策略

安排合理的作息时间表，不仅使幼儿的一天生活得有条不紊、富有节奏，而且对提高幼儿的独立性、自主性、生活习惯和行为习惯的条理性及自理能力都会产生重大的影响。但没有适合所有幼儿园的作息时间表，这需要各个幼儿园因地制宜，结合自己幼儿园所处的地理位置、教育资源、幼儿发展状况、师资力量等条件，制定出适合本园教师和幼儿的独具特色的一日作息时间表和常规制度。

1. 营造愉悦氛围，念唱手指游戏

借助优美的音乐，为幼儿创设宽松的环境，吸引幼儿做一些有趣的手指游戏、演唱富有节奏性的儿歌，让幼儿不再有"等待现象"。玩手指游戏、演唱有节奏的儿歌，不仅可以锻炼幼儿手部动作的灵活性，还可以促进幼儿语言表达能力的发展。在幼儿分组如厕、喝水时，等待的幼儿可以三三两两自发组织，也可以在教师组织下玩"我的飞机开始飞、金锁银锁、点兵点将"等游戏，还可以跟着视频做动作儿歌，使等待的幼儿不再无所事事。

2. 同伴互助学习，贯穿绘本阅读

借助阅读，可以让幼儿在等待中接受文学熏陶。在一天当中的过渡环节，教师可有意识地选择一系列绘本提高幼儿的阅读兴趣，可采用教师讲述、师幼讲述、同伴讲述、幼儿讲述等不同形式……也可在前一个过渡环节设置一定的悬念，在下一个过渡环节揭晓答案，以形成有效互动，使绘本或故事阅读贯穿幼儿的一日生活。再如午睡前，教师可通过朗读、视频播放等形式，将优秀的儿童文学作品读给幼儿听。这些作品中的好词好句及其使用的文字、故事情节都很吸引人。躺在床上等待入睡的幼儿，不再交头接耳、相互打闹，而是自然而然地接受文学的熏陶。

从牵引、帮助幼儿学习，一点点过渡到与幼儿携手共同学习，让幼儿做自己的主人，树立"教育无处不在，教学无时不有"的积极教育观。根据《纲要》要求，教师应在一日活动中区分出哪些是必要的过渡环节，哪些是不必要的过渡环节，将不必要的环节从一日活动中删除。

组织符合幼儿年龄特点、心理特点及具有吸引力的活动，使幼儿的一日生活由被动变主动。从整合教育资源的角度出发，科学合理地调整幼儿的作息时间，以最短的时间、最小的代价取得最大的效果。从尊重幼儿主体性，发挥教师主导作用的角度出发，教师用愉快的情绪感染幼儿，让幼儿在宽松自在的环境中，形成活泼、开朗、积极、主动、自尊、自信的健康心理状态。细节决定成败，我们应当更加全面、积极地去理解一日活动中的"过渡环节"，把它作为一种独特的与其他活动同等重要的教育资源加以充分利用，让过渡环节衔接得更自然、合理。

浙江省海宁市实验幼儿园教育集团实验幼儿园　钱丹婷

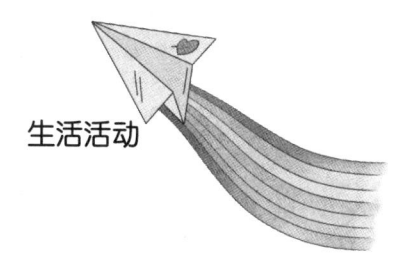

生活活动

以"动"制动,有序离园

案例描述

今天的离园活动中,小三班的一名教师在盥洗室帮助幼儿整理衣物,另一名教师在衣帽间提醒幼儿拿取带回家的物品,还有一名教师则在活动室组织幼儿进行离园前的图书阅读活动。但真正阅读的幼儿却寥寥无几,大部分幼儿在随便聊天,活动室一片混乱,甚至还有个别幼儿追逐打闹、横冲直撞。组织活动的教师试图阻止边打闹边到处乱跑的幼儿,调皮的昊昊边冲教师做鬼脸边说:"一会儿我妈妈就来了。"说完他就拉着辰辰的手站在活动室门口向外张望。

一、背景

离园前的活动是幼儿园一日生活的重要组成部分,是不可忽视的教育环节,教师如果能组织好离园前的活动就能给幼儿的一日生活画上圆满的句号。但不少教师在组织离园活动中,经常会出现自己手忙脚乱、幼儿秩序混乱的情况。这主要是因为:

1. 离园活动的组织形式不能够激发幼儿的活动兴趣。

2. 离园活动中教师的分工不够合理,导致个别教师无所适从,甚至出现空岗的现象,这是导致离园活动混乱的最直接、最根本的原因之一。

3. 离园时,幼儿不能够及时整理自己的学习工具、衣物等,导致忙中出错,秩序混乱。

二、措施

（一）多采用幼儿动手、动脑、动嘴等方式，培养幼儿遵守教学常规的意识

1. 动手

（1）动手剪纸

教师可以利用离园前的半个小时增添一些有趣的剪纸活动。例如，请幼儿自备各种剪纸、剪刀、彩笔等放进自己的工具包中，每天由幼儿自己保管。在离园时，请值日生留到最后帮助教师整理教室，这样的活动不仅能够提高幼儿的动手能力，而且可以在幼儿间形成相互学习、相互帮助的良好氛围，培养幼儿为集体服务的意识。

（2）动手绘画

教师可以请家长为每名幼儿准备一个绘画本，在离园活动期间，请幼儿拿出绘画本，自由绘画。幼儿可以借此机会画一画当天高兴的事情，也可以画一画自己和同伴之间发生的事情，还可以用绘画的形式表现当天学过的故事、歌曲等。这样不仅使幼儿的绘画能力得到了提高，还可以帮助幼儿总结、梳理并回顾一天中有意义的事，达到了复习、巩固的效果。而幼儿在表现不同绘画内容时，也可以利用各种符号抒发自己内心的情感。活动后，教师可以请幼儿将自己的绘画作品带回家讲给爸爸妈妈听，这有利于促进幼儿语言表达能力的发展。

（3）动手操作

教师还可以将平时数学活动中幼儿进行操作学习的各种操作卡片投放于离园活动之中，幼儿离园活动时，可以尽情地操作与学习。这样不仅能够起到复习、巩固的效果，还可以发挥幼儿的想象力。

2. 动脑

在离园活动环节，教师可以采用集体或分组的形式，组织猜谜语、创编故事等活动，请幼儿大胆展开想象，鼓励他们说出自己的想法，这不但培养了幼儿敢于动脑、善于动脑的意识，也培养了幼儿大胆讲述的能力。

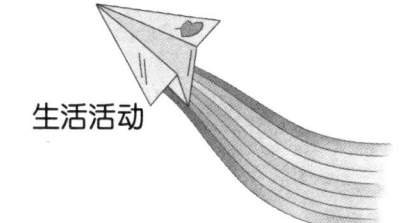

生活活动

3. 动嘴

在离园活动环节,教师可以组织幼儿集体说儿歌、唱歌曲、围绕一个话题展开讨论等。教师组织幼儿参与离园活动,既能够安抚幼儿离园的情绪,也保证了幼儿能够有序离园。

(二)离园活动中教师要"动"起来,做好合理分工

离园活动时,班内教师要做好合理分工。一般情况下,幼儿园每个班配有三名教师,在分工时,可以一名教师负责组织幼儿有序排队,另一名教师帮助幼儿进行仪表、仪容整理,第三名教师则负责帮助幼儿整理衣物和要带回家的东西。这样每项工作都有专人负责,能够确保离园活动井然有序,顺利开展。当然,教师的职责分工可以轮换,以保证公平性。

(三)培养幼儿积极动手整理东西的能力,养成做事细心的好习惯

教师可以利用离园活动教育幼儿自己的事情自己做,学会整理自己的学习用具及衣物,杜绝丢三落四的情况发生。当然,教师也要做好及时的督促与提醒工作,帮助幼儿养成良好的习惯。当然,我们还要争取家长的支持与配合,鼓励家长朋友们做好榜样,带领幼儿从小事做起,比如整理书桌、学习用品和玩具,培养幼儿收拾整理的好习惯,这将使幼儿在今后的发展中受益匪浅。

(四)时常反思,不断调整方法

离园活动的组织形式并不是一成不变的,教师要在平时多观察幼儿,善于抓住幼儿的兴趣点,对离园活动做适当的调整与创新,使幼儿对每次的离园活动始终保持着好奇与新鲜感。教师要在学习中不断反思,在实践中不断调整、改进自己的方法,力争把下午离园这段宝贵的时间更好地利用起来,多一份细心和爱心,不断挖掘离园活动真正的内涵和价值,以更好地促进每个幼儿的身心健康发展。

山东省滨州市滨城区教育实验幼儿园　　王翠玲

区域活动

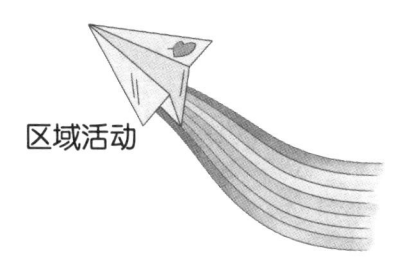

区域活动

☀ "四心"把好区域活动的"脉"

案例描述

"快点,我们又可以玩游戏了!"

"我要去做点心。"

"我要做理发师。"

"我要玩美甲游戏……"

幼儿争先恐后地来到活动区域。

"铛——铛——"正当大家沉迷于游戏的时候,噪声传来,显得很刺耳。

哪里来的声音?教师循着声音来源一看,原来是"调皮鬼"小海在用小锤子到处乱敲,还边敲边笑,玩儿得不亦乐乎。教师本想去制止他,但又想可能会打扰其他幼儿游戏,于是便没有过去让小海停止敲打。但时间一长,小海敲击发出的声音对周围的幼儿产生了影响,不但如此,他还不小心敲碎了一个杯子。教师忍无可忍,大声呵斥小海,小海不服气地把小锤子一扔,小锤子碰到了旁边幼儿的手,造成轻度擦伤。

一、背景

幼儿游戏的实质在于自主性,游戏对幼儿之所以魅力无穷,是因为幼儿的自主性可以在游戏中得到充分的体现与发挥,而区域活动又是最具自主性的游戏活动。但区域游戏的自主性并不是指幼儿游戏的盲目性,不是让幼儿在游戏中放任自流,教师的指导是不容忽视的。我们只有对幼儿的区域活动给予积极关注、悉心指导,才能使其教育功能充分发挥出来。我们该如何有效指导幼儿区域活动,不让其流于形式呢?"望、闻、问、切"是我国传统医学宝库中的一抹亮色,在区域活动中,我们也应当像神医扁鹊一样,掌握"望、闻、问、切"的要领,给区域活动"把把脉",了解问题的"症结",然后才能如神医一般"对症下药"。

二、措施

(一)留心观察,"望"清其表

观察是一门艺术,既要有"眼观六路、耳听八方"的全面,又要有盯住不放的深入,还要有捕捉细微信息的敏锐。教师只有在充分观察的基础上,才能对游戏情况做出正确的判断,有的放矢地进行引导,帮助幼儿在活动中提升能力,使游戏的意义得以延伸。只有通过观察,教师才能知道幼儿是否需要更长的时间进行活动、活动材料恰不恰当、经验丰富程度如何等。教师通过观察获取了必要的信息后,才能决定是否需要介入幼儿的游戏,以帮助他们提升游戏技巧。

由于活动区这一特定的教育形式,我们既可以在观察时以小组为单位,在一个活动区中了解一组幼儿的能力水平,对不同能力的幼儿分别给予指导;又可以"跟踪"某一幼儿进行观察,看一看这名幼儿共玩了几个活动区,在各个活动区中的语言、行为、表现,便于教师对幼儿研究分析,做到因人施教。

正因为活动区为每个幼儿提供了发挥潜力的舞台,教师可以通过观察幼儿在活动区中的表现,了解幼儿的兴趣爱好,捕捉幼儿身上的"闪光点",从而有针对性地进行教育。通过有针对性的观察,可以采取相应的措施进行有针对性的指导,帮助幼儿在游戏中获得发展。

幼儿的认知水平、个性特点、发展速度存在着个体差异,在区域指导中应充分观察、了解幼儿,在此基础上对幼儿的探索活动进行指导,为其探索指明方向。

(二)有心倾听,"闻"全其声

有教师常说:"给幼儿自由的空间、时间,让每个幼儿富有个性地发展。"但是,当问题真正产生时,给予我们的应答却往往是"一种声音"。在这

区域活动

单调划一的声音中,幼儿的个性收敛了,自我张扬的表达方式不见了,瞬间迸发的火花也渐渐熄灭了。造成这种状况的原因是:在教育过程中,教师往往忽略了最真实的生活感受,习惯听一种回答的声音,造成了幼儿的定向思维、效应回答,就如同是一个模子里刻出来的玩具娃娃,缺少了活力和个性。因此,我们必须站在幼儿的立场看待一切,学会仔细聆听,愿意听幼儿的心声,给他们自我表现的舞台,让他们有表达自己想法的机会。

幼儿在活动中的表现,完全是受自己的兴趣、意愿所支配的,他们的行为常常出乎我们的意料,善于倾听幼儿的心思有助于我们帮助、指导幼儿开展活动。

案例

一次区域活动中,诺诺在画奥特曼,本来画得很用心,但不一会儿却用黑色的笔把画涂得乱七八糟。对诺诺的行为疑惑不解的教师问:"刚才画得不是挺好的吗?现在怎么把画涂得乱七八糟的!"语言中带着责备。

诺诺噘起小嘴说:"怪兽和奥特曼打斗的时候,喷了一股黑烟……"

原来,诺诺在绘画中将故事情节表现了出来,教师险些错怪了他。

通过上述案例,我们明白耐心倾听幼儿的真实想法,有助于教师掌握幼儿活动的真实情况及幼儿的能力水平。

(三)用心互动,"问"明其想

在区域活动中促进幼儿主动、和谐地发展,建构积极有效的师幼互动是关键。教师在观察幼儿的所作所为所需,倾听了他们的所思所想所言之后,已全方位地了解了幼儿在活动中的表现。这时,教师要正确把握幼儿在活动中的状态,体验他们的情感、动机、需要与成功时的喜悦,从而与幼儿发生积极的互动,促使游戏顺利进行。

随着课改的深入,区域活动应突破传统教育中幼儿处于被动、静止状态的局面,不是教师把知识告诉幼儿,让幼儿被动地、静止地去接受,而是教师通过设计,提供可供幼儿操作的环境,特别是各种活动材料,让幼儿在和环境的相互作用中主动地得到发展。教师在活动中有明确的角色定位,做幼儿活动的真正观察者、引导者、合作者，不断为幼儿提供更适合他们年龄特点、兴趣特点，能够引起他们进一步探索的欲望、促进他们向更高水平发展的活动环境，促使幼儿的主动活动得以实现。

1. 教师作为参与者的隐性互动

在区域活动中，幼儿年龄小，玩法比较简单，技能相对缺乏，导致探索的问题难以深化。这时，教师要把握好时机和分寸，灵活掌握，有效指导，推进幼儿活动。例如，在探索区玩"好玩的响罐"时，幼儿们十分满足于往罐子里装小石子的过程，装满了倒，倒了后又装，但对其他方面的探索一直没有进展。这时，教师可以适时介入，拿起装有小石子的罐子，摇一摇，激发幼儿对声音方面的探索。

2. 教师作为引导者的显性互动

在区域活动中强调幼儿自主活动，并不是对幼儿活动的放任。当幼儿遇到困难或活动兴趣疲软时，教师可以设计一些需要解决的问题抛给幼儿，促使幼儿想办法，引导幼儿去探究、去发现。如在探索区玩"面粉变面团"活动时，由于加水量没掌握好，幼儿一直和不成面团，几次下来，幼儿们的兴趣疲软了。教师观察到这种情况，走过去启发他们说："为什么玥玥可以把面粉变成面团呢？"带着这个问题，幼儿们开始观察玥玥的操作，于是，幼儿们不仅学习了玥玥的经验，玥玥也体验了成功感，幼儿们体会到了自主发展的快乐。

另外，在区域活动中，幼儿想放弃努力、丧失信心时，教师可以用一些激励性语言来增强幼儿的信心。如"我相信你一定行""勇敢一些，再试一次"等，使他们能够有恒心、有信心坚持做下去。

（四）巧心评价，"切"准其脉

区域活动的评价是一种双向交流，为幼儿提供交流各自的经验、展示自己作品的机会，幼儿可以借此分享同伴的快乐。评价的方式、内容因幼儿年龄而异。幼儿在选择活动区材料时，往往受材料的吸引或对操作过程感兴趣，而沉溺于某一个活动区中。通过交流分享，可以使幼儿关注其他活动区；通

过展示其他幼儿在其他活动区的成果,可促使幼儿产生对其他活动区的积极情感。

以往,我们比较重视评价的结果,且大都在活动结尾时进行评价,事实上评价应该是即时的,是时时刻刻都需要评价的。有时,我们的一句"再想想""已经做得很不错了,换个方法再试试"等鼓励,往往可以使幼儿打算放弃的活动得以继续,使问题得到解决。

在评价活动中,教师应尽量让幼儿发表自己的感受,给幼儿提供交流的机会,让幼儿成为讲评的主角。例如,"在秋天里"主题活动中,教师开设了一个区域,里面投放了各种水果、蔬菜以及其他辅助材料。幼儿在这里玩得非常尽兴,有的用绸带把红薯捆起来,有的用牙签在苹果上扎出一个一个小洞等,正因为幼儿们充分与材料互动,所以他们才体验到了自主活动的乐趣,在讲评时,才能个个都说得津津有味。

在有效指导幼儿进行区域活动时,只有教师树立正确的区域活动观念,用正确的方法指导幼儿,把区域活动作为促进幼儿全面发展的基本活动,不断开拓活动空间,解放幼儿,让幼儿在玩中求发展,才能发挥区域活动的实效性,使每个区域真正活起来,促进幼儿的全面发展。

江苏省无锡市杨市中心幼儿园　赵陈波

区域活动提高观察力

案例描述

一次集体教育活动中,教师引导幼儿认识各种各样的帽子。教师请幼儿自行观察帽子商店的各种帽子,并提示幼儿看一看,比较一下帽子的不同。大多数幼儿只能观察到帽子表面的特征,不能够观察到细节,还有幼儿只观察到一部分,观察不够全面,注意力容易被吸引到其他方面……

午饭后散步时,教师引导幼儿观察春天的变化,幼儿们大多数只能观察到一些特征比较明显的变化,如树叶变绿了、小草发芽了,且幼儿容易受到同伴观察结果的影响,注意力容易转移,在观察的过程中也没有一定的方法和顺序。

一、背景

区域活动作为幼儿园一日活动的重要内容,在幼儿的学习活动中越来越彰显出重要的意义。区域活动作为一种新型、非正规性的教育活动,能激发幼儿的兴趣,有利于幼儿获得直接的经验,教师应充分挖掘幼儿的潜能,在区域活动教学中体现陶行知先生"教学做合一"的教育理念。

观察是有目的、有计划的认知过程,幼儿只有具备了敏锐的观察力,才能积极主动地感知周围世界,探索发现有趣的现象,获取更多的信息。在区域活动中,幼儿能运用多种感官、多种方法进行探索,自由地进行活动,以自己独特的方式接触丰富的可操作材料,从而进行自主操作、自主探索、表达自己的经验和感受,体验与同伴合作的乐趣。区域活动为发展幼儿各方面

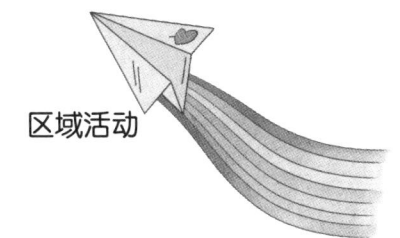

的能力,尤其是观察力的发展提供了非常好的平台。

二、措施

(一)提供适宜的区域活动材料

心理学研究表明,兴趣是幼儿学习的主要动力,对幼儿的教育要突出趣味性。在提供的材料中一方面要注重丰富性,另一方面要注重趣味性,以便能够更好地激发幼儿观察的欲望。例如,运用钓鱼和捉迷藏等游戏引导幼儿观察图片,从而引起幼儿观察的兴趣,提高幼儿的观察能力。

在投放的材料中,也要注重材料的自我矫正功能。比如,地图拼图要配置相应的订正图;图形分类可以利用盒子上的图形进行比对,幼儿可以自己找到正确的答案,而不是求助于成人。这样做不但有利于幼儿观察能力的发展,还对幼儿的心理成长大有好处。

材料的提供不能一成不变,要根据教育目标和幼儿的发展需求定期进行调整、补充。如发现前阶段备受幼儿喜爱的图书角无人问津了,通过对幼儿区域活动的观察和了解,教师要定期投放新的图书,引导幼儿通过观察图书的画面,提高观察能力,丰富和提升已有经验。

大自然本身是一本内容极其丰富的教科书,其中奥秘无穷。在自然角,教师可以种植各种农作物引导幼儿观察农作物的生长,或利用园内的饲养区放养小鸡、母鸡、公鸡,引导幼儿观察"鸡的一家",引导他们通过外形特征区分小鸡、公鸡、母鸡,有效发展幼儿的观察能力。

(二)教师的有效指导

教师要重视幼儿的观察、学习、探索情况,如当前的兴趣是什么,需要是什么,分析幼儿这么做的原因,了解幼儿在活动过程中的困难,把握每个幼儿的认知水平和个性差异。教师要改变"检查者"的身份,从关注玩具是否掉了、东西是否乱了、幼儿是否有了纠纷等,转移到判断幼儿的需求和发展水平上,以引导幼儿向更高水平发展。

当幼儿在区域活动中进行了探索、学习后,教师要组织幼儿交流体验各自的收获，分享快乐与成功，把关键性经验加以梳理、提升，让幼儿围绕一个共同感兴趣的问题进行交流讨论，使全体幼儿都能充分体验成功的快乐、探索的兴趣，激发起幼儿继续观察和探索的欲望。

有了观察兴趣，还必须在观察方法上加以指导。幼儿不是天生的观察者，在观察的过程中教师必须教会幼儿一些正确的观察方法，让幼儿学会有目的地观察，引导幼儿选择适宜的观察方法。

（三）丰富活动记录形式，提高观察能力

幼儿的记录能力有限，他们能观察，也能把自己观察到的东西用语言表达出来，但他们用笔记录的能力是不够的。教师可以引导幼儿运用图形的记录方法，如"饲养乌龟"活动可以这样记录：第一页，幼儿给乌龟起名叫"战斗金刚"；第二页记录了"战斗金刚"在游泳（伸出头和尾，四肢在动）；第三页记录"战斗金刚"在睡觉……每页都有幼儿的记录（画）。有了这特殊的"记录本"，幼儿不仅能大胆地记录下自己观察到的一切，还能激发幼儿对大自然、小生命的热爱，增强幼儿的责任感、任务意识。

另外，也可以用表格记录法，表格记录法的对比性、抽象性更高。表格记录法可以让每名幼儿能定期、如实地填写自己观察到的情况，便于教师及时发现问题。如在豌豆的种植中，有的幼儿种植的豌豆发芽了，有的却发霉了。通过表格观察记录，教师能清晰了解豌豆发芽过程中出现的问题，同时更好地激发幼儿的观察兴趣。

（四）提供有效的活动保障

在实践中，我们发现，以往的时间安排过于零碎、机械，缺乏弹性，这虽然便于管理，但却经常打断幼儿正在进行的活动，从而使活动的质量下降。我们应根据实际情况安排大块的活动时间，把支配时间的权利还给幼儿，让他们有比较充足的时间开展有意义的探索活动。

在活动中，教师也应为幼儿营造一种宽松融洽的心理环境，为幼儿创造性思维提供一个自由驰骋的空间；同时，教师应正确对待幼儿的错误，让幼

儿敢说、敢想、敢做，为幼儿提供良好的心理环境。

　　对幼儿观察力的培养，不仅有助于幼儿今后在学习文化知识方面获得成功，也会对幼儿在今后的人生中获得成功有所助益。幼儿的观察力是他们认识世界、增长知识的一种途径。没有观察，幼儿就不可能对客观世界有真正的理解，不能获取完整的知识。我们应当从小培养幼儿的观察力，让观察成为幼儿终生受益的一种习惯。

山东省莱阳市实验幼儿园　李向荣

教师在角色游戏中的支持

案例描述

片段一：

角色游戏开始了，娃娃家里挤满了人，大家都要做"妈妈"和"奶奶"。

"妈妈"们一直在喂宝宝吃饭，还有好几个"奶奶"不停地烧菜，端到餐桌上，直到餐桌上的饭菜放不下了。

大家各自游戏，始终没有言语交流……

片段二：

轩轩和妮妮一直坐在教室中间的小椅子上。

教师询问他们，"你们愿意去做老板吗？"他俩摇摇头。

"那我们一起去做小客人好吗？"他们也没有兴趣。

他们手里拿着自己的玩具，看着其他幼儿游戏，却始终不愿意参与到游戏中去。

片段三：

"老师，我想妈妈了，妈妈什么时候来接我呀？"媛媛哭着一遍一遍地问老师。

"放学的时候，妈妈就会来的。老师在这里陪你，不要难过了。"老师耐心地安抚幼儿。

……

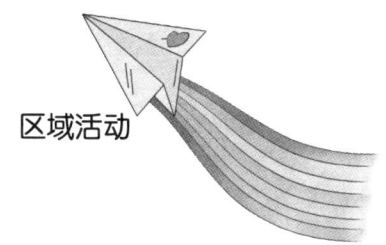

区域活动

一、背景

角色游戏是以"角色扮演"为主要表征手段,自主地表现和表达自己对现实生活和环境的认识与体验、想法与愿望的一种象征性游戏。可见,角色游戏是幼儿根据自己的兴趣和愿望,通过扮演社会角色,运用语言、动作、情绪等方式创造性地再现其周围生活的一种游戏。教师的指导,对于游戏的推进具有重要的意义,将直接影响角色游戏的质量。角色游戏作为幼儿期的一种典型游戏形式,对幼儿的发展具有独特的价值。不同年龄段的幼儿,因其年龄特点不同,教师置身其中时的支持性策略则应有所不同。

二、措施

(一)小班年龄段幼儿——关注情绪的稳定

小班幼儿的人际交往范围由家庭开始走向社会,步入幼儿园后,幼儿开始尝试适应集体生活,开始接触更多的与自己年龄相当的同伴。在此过程中,幼儿的情绪有一个从适应阶段到稳定阶段的过程,对此,教师的指导策略应具有针对性。

1. 入园焦虑期的指导策略

小班幼儿刚入园时,总有一段不适应期,情绪处于焦虑不安、闷闷不乐的阶段。其中,部分幼儿由于身处环境的变化,语言表达不完善,无法清楚阐述自己的需求,不会与同伴及教师交往。

(1)营造温馨和谐的游戏环境

铺好小地毯、摆上小摇床、围着小沙发,教师应尽可能地为幼儿创设温馨的游戏环境。温馨舒适的环境,能够使幼儿放下紧张的情绪,以轻松舒适的状态进入游戏,并试着与周围的材料进行积极互动。

(2)以娃娃家为主的游戏场景

小班幼儿相关生活经验缺乏,角色游戏主题往往以家庭生活为主。因此,教师可以以家庭这一生活场景为背景,拓展相关生活场景作为游戏主题。诸如"娃娃过生日""娃娃去散步"等,在相关生活经验的指导下,更容易让幼儿产生关联感，激发其游戏行为的产生。

（3）悉心引导个别幼儿

适应期的小班幼儿，可能会比较拘束，不愿意参与到游戏中去。教师可通过观察、了解幼儿的喜好，进一步推动幼儿进入其较为感兴趣的区域中进行游戏，促进其更快地适应幼儿园生活。个别幼儿的游戏水平停留在旁观阶段或是较为排斥游戏时，教师可以带着幼儿去各个区域参与游戏，幼儿在旁观教师进行游戏的过程中，也会习得与相关游戏的经验。

2.情绪稳定后的指导策略

（1）丰富游戏材料，满足幼儿需要

小班幼儿表征能力比较弱，需要真实物品的支持才能有一定的角色意识，因此投放的材料应该形象逼真。小班幼儿的游戏大多处于独立游戏和平行游戏阶段，教师投放相同类型材料的数量要相对多一些，避免发生争抢，尽量满足幼儿的游戏需要。某些共性的材料，在各个区域都放置一些，方便幼儿取放，当幼儿对材料有了需求，便会促使其游戏行为的产生。

（2）归还幼儿自主权，感受主体地位

经过了适应期的幼儿，在角色的选择上，应由幼儿自主选择自己喜欢的角色。在自主选择的过程中，幼儿不仅能够增强角色意识，而且能够增强幼儿在游戏中的主体地位，让幼儿感受到自己的游戏自己做主。

（3）耐心等待幼儿，细心观察发现

角色游戏需要教师指导，而有效的指导是以观察为基础的。教师通过对幼儿游戏活动的观察，能够了解幼儿游戏行为的意图、游戏水平、情绪状态等，能够为后续指导提供有效的依据。比如，某个幼儿在角色游戏的过程中，一会儿在娃娃家玩儿，一会儿跑去小医院当医生。乍看之下，似乎该幼儿的角色意识不明确，但是在细心观察之后会发现，该幼儿白天在医院上班，下了班回娃娃家，身份转变成为了爸爸。

（4）教师参与游戏，推动游戏进程

小班幼儿角色意识比较弱，在游戏中会常常忘记自己所扮演的角色，这时候需要教师参与到游戏中来，与幼儿共同游戏，以游戏语言与游戏行为对

幼儿产生影响。如"美美发屋"游戏中，一开始理发店的生意很冷清，教师作为小客人进去美发以后，幼儿们纷纷效仿，装扮上精美的头饰，使美发屋重获人气。在游戏的过程中，教师的参与让幼儿在情感上与其更加亲近、在关系上与其更加平等，更能够激发幼儿参与游戏的意愿。

（二）中班年龄段幼儿——拓展游戏的时空

1. 提供多元化材料，加深角色认知

中班幼儿处于具体形象思维阶段，因此在投放的材料上除低结构的材料，仍需要提供部分高结构的材料。教师可以借助桌椅、房子、展示架等，促进幼儿产生新的角色场景的联想。如在开展户外角色游戏中，首次引入了小帐篷的搭建，幼儿随后纷纷创设了"宾馆""露营""移动房车"等一系列的新场景。形象的材料有助于稳定幼儿的角色意识，在一定程度上体现了幼儿角色的认知在不断地加深。

2. 包容大胆的创想，助推游戏发展

教师应该进一步延长中班幼儿游戏的时间，拓展可供他们游戏的空间。鼓励幼儿大胆发挥想象力，在原有材料的基础上，提供时间、空间让他们创造出新的角色游戏主题。当幼儿将自己的生活经验迁移到角色游戏中，产生新的想法的时候，教师应该予以大力支持，充分鼓励幼儿，助推游戏的发展。

3. 关注社会性交往，给予独立空间

中班幼儿具备了初步的规则意识，有交往的需求，但是在过程中因缺乏交往的技巧，时常出现争执。教师要有意识地引导幼儿之间的合作，培养他们的合作意识，或提一些问题引发幼儿思考，如"两个人怎么玩""如果是三个人，又该怎么办"等。

4. 满足表达的意愿，分享各自感受

中班幼儿语言能力有了很大的提升，能够较完整、清楚地表述事情的经过，而且有较强烈的表达意愿。因此，教师应该在游戏的前、中、后，多听一听幼儿的想法，多聊一聊游戏过程中的感受。在分享交流的同时，促进幼儿语言能力的提升。

（三）大班年龄段幼儿——给予探究和创新的机会

1. 让低结构材料做主角

注重材料的多样性，降低高结构材料投放的比重，逐渐投放更多的低结构材料。这样做不仅能通过游戏材料提升幼儿的想象力，发挥游戏材料本身所隐含的教育价值，而且能够拓宽材料对不同游戏主题的适用范围。另外，材料的数量和类型也要不断增加，以满足幼儿更多的游戏选择。

2. 让每个幼儿尝试关键角色

大班时期的幼儿会参加很多的联合游戏，幼儿往往会集中选择游戏中的关键角色，如各个区域的老板、管理员等，这时候更需要教师指导其进行角色的轮换或协商分配，避免幼儿之间的争抢。教师应鼓励比较弱势的幼儿勇敢地担当老板的角色，让他们也有成为关键角色的机会。因为内敛的性格可能会掩盖了幼儿真实的游戏能力，而积极的尝试则能够激发其游戏能力的提升。

3. 让幼儿自己解决游戏问题

教师需要学会耐心等待，给予幼儿自己独立发现问题、探索问题、解决问题的时间，不要急于将自己的意志强加给幼儿。当幼儿经过自己探索后，向教师发出求助信号时，教师再通过引导为幼儿顺利完成游戏提供有力的支持。在此过程中，幼儿之间的相互交往、合作、矛盾的解决等方式，是教师需要加以关注的。

4. 让幼儿大胆地质疑发声

大班阶段的幼儿初步具备一定的质疑能力，因此在游戏的过程中，会对他人的游戏行为产生不同的意见。对于幼儿发出的不同声音，教师应该用包容的态度去理解，合理的想法予以支持，不合理的要求也要给出正确的引导。

（四）教师的观察方式和介入时机

1. 少一些"断章取义"

教师时常会通过照片或视频的方式观察、记录幼儿游戏的过程，而幼的角色行为是一个发展的过程，教师应该从全局的角度来观察幼儿游戏行为前后的发展。在过程中，教师需听一听幼儿的想法，不为了记录而记录，单纯的一张照片，有时并不能清楚地表达出幼儿当下的行为和想法。

2. 少一些"不适时"的介入

在介入时机的选择上，教师首先需要学会思考，分析此刻介入对于幼儿的利弊影响，其次要学会等待与观察。不恰当的介入，会因教师的意志而限制了幼儿想象力的发展。教师观察幼儿游戏活动，要以不干扰幼儿游戏行为的进行为原则。

3. 多还给幼儿一些空间

在游戏的过程中，时间、空间、角色的选择、材料的使用、主题的确定、分享交流的话语权，都应该明确以幼儿为主体的观点，教师在此过程中始终是游戏的"推动者"，而非"掌控者"。在足够宽松、自主的氛围下，相信幼儿能带给我们更多的惊喜。

上海市嘉定区迎园幼儿园　顾金凤

建构游戏中的合作能力

案例描述

今天下午的区域活动时间，乐乐和琪琪来到建构区，他们选好积木，各自忙了起来。乐乐在搭建房子，琪琪在搭建飞机，过了一会儿，涵涵来了，他对乐乐和琪琪说："我要搭建一个大滑梯。"

涵涵的声音召来了洋洋，他也想加入，洋洋问涵涵："我可以和你一起玩儿吗？"

涵涵说："不行，我喜欢自己搭。"

洋洋只好一个人玩儿。

没一会儿，琪琪哭着告状："老师，乐乐抢我的积木，他拿走了我的大三角形。"

乐乐想躲起来，不小心把涵涵刚搭建了一半的滑梯撞倒了。

涵涵生气地与乐乐吵起来。

教师走过去建议涵涵跟乐乐一起搭建滑梯，但涵涵拒绝了，非要乐乐赔他。

一、背景

现在的幼儿由于家长的过度呵护、溺爱，再加上大多数家长缺乏基本的育儿知识，使幼儿变得越来越以自我为中心，表现出不会与人合作，缺乏合作意识等。《指南》指出，幼儿要愿意与人交往、能和同伴友好相处。由此可见，与人合作的品质是幼儿未来发展、适应社会、立足社会不可或缺的重要品质，教师必须对此予以重视。

区域活动

培养幼儿与人合作的品质是当前重要的教育目标之一，建构游戏具有群体性，最有利于培养幼儿的合作意识。幼儿通过自己的或与同伴的共同活动，把自己最感兴趣的事情反映出来，从中学习共处、学习合作。游戏中，教师有效的指导策略会增强幼儿的合作意识，提高他们的合作技能，建构游戏是培养幼儿交往与合作的重要途径。

二、措施

（一）循序渐进激发幼儿合作意识

建构游戏作为一种建筑活动，活动前设置分层次的活动目标，不仅可以适合不同发展水平的幼儿，而且随着活动的开展，幼儿的建构水平也会逐渐提高，参与游戏的幼儿之间的合作能力也会相应有所提升。例如，在开展"春天的游乐场"建构游戏时，设置这样的分层目标：①能独立运用积木搭建常见的游乐设施；②能与同伴合作，用积木搭建游乐场；③能与同伴合作，搭建漂亮的游乐场。

第一次游戏时，幼儿们把搭好的花、草、树木、汽车等独立个体放在一起，个个表现得兴奋异常，纷纷向同伴讲述搭建过程中的有趣故事。然而第二次游戏时，幼儿们在搭建游乐场时明显没有第一次兴奋和喜悦，只是在简单重复第一次游戏时的动作。面对这样的情况，教师应考虑怎样引导幼儿展开合作，搭建不一样的游乐场。于是在第三次游戏时，教师主动承担搭建游乐场大门的任务，并鼓励幼儿合作搭建游乐场设施或创意搭建其他可装饰游乐场的物品。这下子幼儿们的兴趣上来了，有幼儿合作搭建游乐场的围墙，合作成功后，森森开始主动邀请露露与他一起搭建公路……教师的引导为培养幼儿的合作意识做好了铺垫。在以后的合作交往中，幼儿们学会了分工合作，甚至能够按照设计方案选择材料，创造性地进行主题搭建，在整个建构过程中，幼儿的建构水平和合作能力都有一定程度的提高。

（二）掌握恰当时机，教给合作方法

游戏中，遇到需要合作的环节，有的幼儿不知道如何去和别的幼儿合作。

那么，教师要充分掌握恰当的时机，教给幼儿合作的方法，指导幼儿何时进行合作、怎样进行合作。

1. 适时介入，排解矛盾

幼儿在游戏中发生纠纷时，教师要以游戏伙伴的身份，适时介入到幼儿的游戏中，巧妙地排解幼儿间的矛盾，引导幼儿学习合作的方法。

2. 引导幼儿学会协商

幼儿在游戏中遇到困难时，时常会向教师或是周围的同伴求助。此时，教师应该采用建议、协商等启发式的口吻给予点拨。例如，当玩具或游戏材料不够用时，教师可建议幼儿相互谦让、轮流或共同使用；当同伴遇到困难时，应该让幼儿主动用动作、语言去帮助需要帮助的同伴；当自己遇到困难、一人无法解决问题时，可以主动找同伴帮忙；等等。教师可通过这些具体的合作情景，帮助幼儿逐渐掌握合作的方法，尝到合作的甜头进而渴望与他人合作。

3. 注意观察，个别指导

对不太会合作或缺乏合作意识的幼儿，教师要给予适时的引导与指导，针对不同情况，给予不同的建议。如可以用语言鼓励幼儿，在教师积极的鼓励和适宜的引导下，幼儿的合作意识与合作能力会逐步且有效地得到培养。

（三）适时适度评价，提高合作能力

游戏后的评价是对幼儿游戏的一种间接指导。游戏结束后，适时适度的评价对提高幼儿的合作能力尤为重要。合理地评价游戏既能保障游戏顺利开展，又能保障幼儿的合作能力得到逐步提高。在幼儿游戏时，教师应该细心观察每个幼儿的一举一动，以尊重幼儿的活动意图为前提来指导幼儿，及时表扬和鼓励幼儿的游戏积极性，充分激发幼儿的合作欲望，并通过活动后的肯定性评价，增强幼儿的合作意识，提高幼儿的合作能力。比如，在建构"大型玩具"的活动中，某组幼儿在活动结束时没有完成作品，可是在建构过程中能够互相谦让、合作，所以教师应该给予他们充分的鼓励和肯定性的评价，让他们充分体验合作的快乐，激发他们想继续合作的愿望。

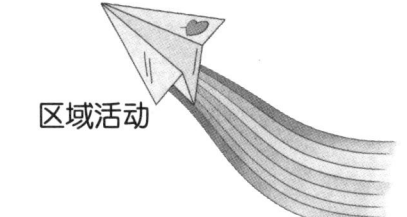

（四）强化情感体验，深化合作精神

幼儿在与小伙伴的交往中逐渐学会合作后，教师应注意引导幼儿感受合作的成果，体验合作的愉快，激发幼儿进一步合作的内在动机，使合作行为更加稳定、自觉。教师应表扬合作顺利的幼儿，让他们讲一讲是怎样做的，对他们好的合作方式给予充分的肯定。教师应对在合作中发生冲突的幼儿给予指导和激励，使他们产生积极情绪。

总之，建构游戏是培养幼儿合作意识的一种有效途径，在建构的过程中，幼儿之间既充满友情和关爱，又充满了互助互动和良性竞争。在活动中每个幼儿都会有机会发表自己的观点与看法，同时也学习着倾听和接受他人的意见，还懂得了沟通、分享、互助。建构游戏不但提高了幼儿主动的合作意识，而且有效促进了幼儿合作能力的发展。

山东省聊城市莘县实验幼儿园　张慧玲

☀让科学区域变得有趣起来

案例描述

开学初,我对幼儿在科学区的活动进行了长时间的观察,发现幼儿在该区域的活动时间不长,基本状态是:翻出材料—摆弄材料—换材料—继续摆弄材料—离开。

针对此现象,我和幼儿们聊了一下在科学区可以怎么玩耍,昊昊说:"要选好一个材料耐心玩儿,不能一直换来换去。"

"哪些材料可以放在科学区里玩儿呢?"

幼儿们的想法五花八门,说了很多东西,但都是些生活中常见的物品。

基于幼儿们的兴趣,教师请家长们配合,为科学区准备了一批新材料,有锁、钥匙、锤子、钉子、螺丝刀、圆珠笔等。

果然,新材料到位的第一天,科学区成了"抢手"的区域,幼儿对新材料的热情很高。昊昊和亿亿拿出一个装有圆珠笔的盒子,他们要拆卸、组装圆珠笔。

昊昊对亿亿说:"你来拆,我来装。"

于是亿亿很快把圆珠笔拆开,卸下很多零件。

"这么多的东西啊!"昊昊犯了愁。

亿亿催促道:"你快点装吧,我再给你折一个。"说着亿亿又开始拆下一个。

等亿亿拆好下一个,昊昊那边还是一团糟,加上第二支笔的零件混了进去,昊昊更是无从下手。

亿亿见昊昊组装不起来,于是帮忙一起组装,由于两支笔的零件混在一起,

亿亿也没能成功地将两支笔复原。两人对视了一下，放弃了组装，游戏时间仅有6分钟。

吴昊和亿亿离开后，琪琪和晴晴过来拿起桌子上混乱的零件。琪琪先是审视了一会儿零件，然后开始闷不作声地工作，晴晴注视着琪琪的操作，没一会儿琪琪就把圆珠笔组装好了。

"哇，你好厉害啊！"晴晴说。

琪琪说："很简单的。"

于是，在琪琪的帮助下，晴晴也完成了另一支圆珠笔的组装工作。

后来，琪琪和晴晴拿出整盒圆珠笔开始比赛，游戏时间持续了20分钟。

一、背景

科学区域的活动是幼儿园科学教育活动的重要组成部分，是指教师创设或利用区角游戏环境，通过各种游戏设备和丰富多样的材料所进行的科学教育活动。区域活动在一定程度上弥补了集体教育活动的不足，是一种由幼儿自主选择、自由探索的活动，教师在其中可为幼儿提供个性化的指导。但是科学区并不是很受幼儿的欢迎，去玩儿的幼儿基本上是因为别的区域人已经满了，才会来到科学区，而且多数是在无目的地摆弄材料，甚至有幼儿把科学区当成建构区搭建东西。

二、措施

（一）材料要丰富且具有探索性

科学区的材料不同于其他区域的材料，要具有探索性才能激起幼儿的探索欲望和游戏兴趣，如果不具有探索性就不能激发幼儿探索的欲望。材料的投放也应该是幼儿生活中常见的物品，这样会让幼儿觉得亲切、生动，且经济实惠，幼儿的积极性也会很高。除此之外，还要注意材料的丰富性与及时调整，材料单一不能激发幼儿探索的欲望，如棉花、硬币、海绵、塑料花、曲别针等生活中常见的小物品都可以投放，让幼儿有更多的选择，容易激发幼儿探索的主动性。《纲要》指出，提供安全的让幼儿能操作或玩得起来的材料，在活动中学习、探索。幼儿在科学区的探索欲是靠合理的游戏材料支撑的，因此游戏材料需要及时调整和跟进。

（二）材料要接近幼儿的"最近发展区"

提供材料时要考虑到幼儿本身的能力不同，使活动材料在难易度上体现出层次性。科学区材料的难易程度会影响幼儿的主动探索精神和创造力的发展。如果材料过于简单，幼儿很快获得结果，便失去了探究的动力；如果材料过于复杂，幼儿就会不知所措，探究兴趣难以得到提升。《指南》指出，教师要充分理解和尊重幼儿发展进程中的个别差异，支持和引导他们从原有水平向更好水平发展，按照自身的速度和方式到达《指南》所呈现的发展"阶梯"，究其理论依据，就是"最近发展区"。教育者必须尊重幼儿发展的客观规律，遵循幼儿的学习特点，提出的要求要高于幼儿原有的智力或知识水平，但是幼儿经过努力是能够达到的。要求过高或过低都不利于幼儿的发展，教师应通过适当的引导和帮助，促进幼儿更加自主地发展。在适合幼儿发展水平的基础上，教师要考虑幼儿的"最近发展区"进行操作、探索，才能够有效地促进每一名幼儿在原有的基础上得到发展。

（三）多样记录，提升经验

幼儿对瞬息万变的科学现象有观察的兴趣，乐于发现和探究，而对需要持续观察才能有所发现的现象兴趣不浓，有效记录的能力也不强。幼儿记录的内容往往缺乏目的性，记录形式比较单一，交流和分享的意识比较薄弱，这些问题反映出幼儿有效记录的能力有待提高。针对此类问题，教师可通过以下方法对幼儿进行引导。首先，记录的素材要符合幼儿的年龄特点和水平，教师要引导他们记录自己熟悉的事物。图画是幼儿非常喜欢和熟悉的形式，每个幼儿的图画都表现了他们不同的内心感受，教师应鼓励幼儿大胆用自己的图画来记录观察到的事物与现象。其次，可以让幼儿使用教师提供的简单符号进行记录，这能够激发幼儿创造性记录与自主记录的意识。教师根据记

区域活动

录中反映出的信息,了解幼儿科学探究的情况,帮助幼儿梳理思路、积累经验,使幼儿在交流记录中的新发现成为促进幼儿持续观察活动的动力,让幼儿充分体验发现的乐趣。科学区域给了幼儿一个自主探索、自我学习的空间,使每一名幼儿能够在愉快、自由、合作的环境中进行科学探索。

江苏省常州市新北区魏村中心幼儿园　刘猛

让幼儿在打击乐活动中"high"起来

案例描述

区域活动一开始，有6名幼儿进入音乐区，3名幼儿直奔小衣架忙着用服装、道具打扮自己，另外3名幼儿来到乐器架前。

佳佳双手握住腰铃的绳子快速地左右摇晃、抖动，嘴里轻轻地唱着："走，走，走走走，我们小手拉小手……"唱完后，又唱起了其他歌，而她摇晃、抖动腰铃的动作也越来越快。

这时，尝试着把腰铃束在自己腰上的美美说："佳佳，你太快了，歌是慢的！"说着一边扭动身体，一边也唱起来。

佳佳说："你太慢了，不好听。"

佳佳自娱自乐了大约两分钟，放下了腰铃，去拿圆弧板，拍了几下后又放下，然后跑去小衣架旁，加入了装扮的队伍。

而仍在玩腰铃的美美，开始邀请拿着铃鼓的丁丁一起表演节目。表演了几分钟，佳佳开始喊："谁来帮我把蝴蝶翅膀背一下，我够不着。"

丁丁听到了，跑过去帮忙，然后回到小衣架旁继续装扮自己。

幼儿热衷于用道具、服装打扮自己，或是随意地进行乐器敲击，但持续时间都不长，而区域里屏风上挂的节奏谱至今无人问津。

教师走过去换了一张节奏谱，向大家发出邀请："小朋友们，谁来为《春天在哪里》这首歌伴奏？"

无人回应。

教师开始有针对性地邀请佳佳、丁丁和美美，在教师的热情邀请下，佳佳、

区域活动

丁丁和美美走了过来,两人拿碰铃,一人拿铃鼓。

音乐响起,教师在一边提示节奏,只是没有维持一会儿,佳佳和丁丁开始抢节奏,且越唱越快、越敲越快,在演奏中显得很突兀。

美美在一边提醒:"你们慢一点儿。"

丁丁停顿了一下,佳佳则继续唱着。

美美有些不耐烦,离开了这里。

一、背景

打击乐活动是幼儿音乐教育活动中一个重要的组成部分,然而在日常的音乐教学中许多教师并不愿意开展打击乐活动,觉得打击乐活动对教师的音乐素养、专业能力、对幼儿的音乐基础都有较大的挑战。同时,开展打击乐活动既要准备节奏图谱,又要准备打击乐器,部分教师觉得教学准备繁多,所以宁愿选择歌唱教学也不愿尝试打击乐活动。而幼儿在打击乐活动现场容易发生混乱、教师难以把控局面是他们回避打击乐教学活动的重要原因。

二、措施

(一)不拘一格选素材,开阔幼儿的耳界

《指南》指出,艺术是幼儿感性地把握世界的一种方式,是表达对世界的认识的另一种"语言"。教师要经常让幼儿接触适宜的、多种形式的音乐作品。平时,教师对音乐素材的选择可能更注重经典的幼儿歌曲、流传下来的经典幼儿音乐。然而,"音乐的世界是丰富多彩的",当流行音乐大行其道的时候,教师也不妨将其作为音乐教学的素材,因为"流行"经过岁月的沉淀就会成为"经典"。

教师可以进行筛选,选择积极的、优秀的流行音乐作品,来丰富音乐教学内容,拓宽幼儿接触音乐的领域,开阔幼儿的耳界。

(二)鼓励幼儿在充分感受的基础上自主表达

《指南》没有把艺术领域中的音乐和美术作为子领域,而是把"感受与

欣赏"和"表现与创造"作为两个子领域，其传达的价值理念就是要改变幼儿园艺术领域小学化、学科化倾向，改变重技能训练、轻感受表现的教育现状。使听众、观众获得审美感受是音乐与美术的共同目标。音乐是听觉的艺术，打击乐活动作为音乐活动的一种形式，同样强调"听"音乐。幼儿浸润在音乐中，慢慢学会如何感受和欣赏一首曲子，就会逐步形成对音乐的审美意识和审美的方法。例如，根据大班幼儿的认知发展特点以及他们在学习音乐过程中获得的初步经验，教师在设计活动时，第一步：可以让幼儿欣赏歌曲原唱，让他们说一说听后的感受，帮助幼儿充分感受歌曲的风格；第二步：让幼儿再次欣赏同一首歌曲，引导幼儿根据歌曲进行想象，然后表达出自己的想法；第三步：引导幼儿辨识歌曲的结构，听出主歌与副歌的区别。

（三）因地制宜玩节奏，从拍打身体到拍打桌椅

生活中资源丰富，教师可引导幼儿把生活用品融入打击乐活动，这既是对打击乐器种类的拓展，又能够引导幼儿关注生活。

桌椅是幼儿身边的物品，随手可得，但一般的教学活动很少有机会去利用，因此，在打击乐活动中教师可以根据作品的风格、节奏，鼓励幼儿用拍打桌椅的方式来进行音乐表达，让幼儿的情绪更激昂、让敲打的力度更强烈、让打击乐伴奏更震撼、让活动更有趣。

对幼儿进行艺术教育不仅限于关注结果，而应更多地关注幼儿的自我感受与表达。不是"教"幼儿艺术，而是"用艺术来发展幼儿"。所以，在活动中教师并不要求幼儿能在某一次教学中完美地进行打击乐活动，而是希望幼儿能够逐步地学会如何欣赏音乐，如何在音乐转换时转变自己的表达方式，或是在这个过程中能够注意到同伴的表达，从而融入到相关的表达中，既获得审美体验，又满足认知挑战，同时在团队中学会自我调控。

江苏省无锡市扬名中心幼儿园　李烨

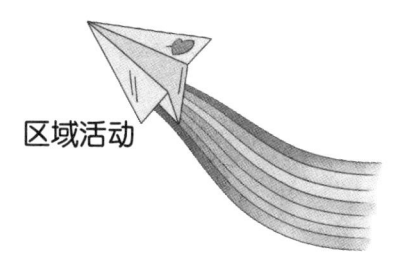

区域活动

让户外游戏更自主

案例描述

户外游戏开始了,为了发展幼儿的钻爬能力,教师为幼儿选择了拱桥,让幼儿练习钻爬。玩儿了5分钟后,很多幼儿不再愿意玩儿这个游戏了。昊昊跑去一边玩儿乒乓球,露露跟过去,看昊昊用球拍往上托球,就在一边帮昊昊数。当昊昊托了8个后,球落地了,露露对昊昊说:"我也想玩儿这个。"

昊昊说:"那你来托,我来数。"

于是二人交换位置,昊昊为露露数数。

教师呵斥玩儿得正起劲的昊昊和露露:"谁让你们玩儿球的,过来钻拱桥。"

昊昊和露露赶紧把球拍扔在一边,重新加入钻拱桥的队伍,但是极其没有积极性。

一、背景

陶行知先生的创造教育理论提倡:以生活为中心内容,以开放式的教育环境培养一种具有创新精神和实践能力的"真善美的活人"。他提出了"六大解放"的教育思想,旨在培养儿童的创造力。《指南》指出,幼儿园要以游戏为基本活动,重视幼儿的兴趣与需要,保证幼儿有适当的自主选择和自由活动时间。自主性游戏受到越来越多的幼教工作者重视和推广,但在户外自主性游戏开展过程中,如何追随幼儿的需求,才能充分支持幼儿的自主游戏,发挥自主游戏的独特价值,是大家一直探索的问题。

二、措施

（一）解放空间

1. 场地的调整

原先，幼儿的活动场地是固定好的，不可随意改变。调整后，不固定幼儿活动的场地，使他们在同一时间可以在不同的场地进行活动，以满足不同幼儿在同一活动时间的不同需求。

2. 时间的调整

原有的作息时间表由于强调动静结合，根据不同的年龄段把时间切碎了，导致幼儿的游戏刚刚进入高潮甚至幼儿刚刚进入状态就到了下个活动的时间，破坏了幼儿游戏的完整性。调整后的游戏时间以60分钟为单元，把一天最好的时间留给幼儿游戏，保证了幼儿的游戏时间和游戏质量！

3. 创设开放的环境

我们重视自然对幼儿的积极影响，不断调整户外环境，运用自然、本真的方式引导幼儿学习，让幼儿园里的人、事、物都回归到原本就有的自然的样子，形成一个和谐的气场，共同影响幼儿的发展。例如，户外游戏环境的创设应考虑绿化、美化、教育化、游戏化，因地制宜利用好操场、草地、山坡、小道，对整个园舍的户外环境进行合理、科学地改造和完善，然后划分区域，每个区域经过调整与改造后，都成为融运动性、表现性、探索性、社会性为一体的综合活动区，满足幼儿就近游戏的需要，避免来回奔波，浪费时间。以幼儿为本位，还环境于幼儿，回归与还原幼儿本真生活，把自主权还给幼儿，通过游戏和参与体验提升幼儿的生活和学习品质。

解放空间，为幼儿提供一个接触自然、认识自然、探索自然的机会，为他们营造一个满足实践探究、展示实践成果的特殊的学习环境，使幼儿萌发探究的兴趣，体验发现的快乐。正如陶行知先生所说："解放幼儿的空间，让他们去接触大自然中的花草，树木，青山，绿水，激起幼儿们对大自然以及未知事物的探索！"

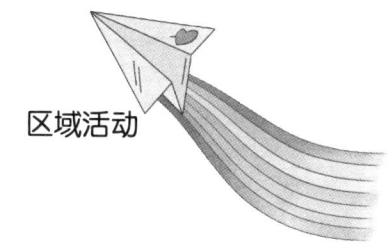

区域活动

（二）解放双手

幼儿有了充足的自主游戏时间、场地，是否就满足了幼儿自主游戏的需求？如何让幼儿根据需求自主取放游戏材料呢？

1. 自取与自放

陶行知先生曾说："解放幼儿的双手，给幼儿以动手的机会，让幼儿动手操作，使他们在手脑并用中发展创造力。"他的话语犹如引路的灯塔，照亮了我们前行的道路，把所有的器械投放在户外的各个角落，做上标记，让幼儿自取、自放，让幼儿更自主。

2. 室内玩具请出来

打破传统思维定式，将所谓的"室内游戏材料"，如积木、废旧材料等低结构材料拿到户外，引导幼儿将这些与户外场地结合，开展户外自主游戏。这样不仅丰富了游戏内容，提高了幼儿的游戏能力，同时也告诉教师：户外活动≠户外运动，户外游戏≠户外体育游戏。

解放双手，幼儿真正成了游戏的主人：自主决定、独立做事、积极交往、互相合作，"在做事中树立自尊和自信"，在努力中获得愉悦和成就，在动手中得到锻炼，在实践中尝试创新。

（三）解放大脑

没有区域的限制、没有要求的规定、没有材料的统一，这样宽松、自在的游戏氛围为幼儿的奇思妙想和大胆想象提供了无穷的创造源泉。幼儿个个兴致盎然、全身心投入！轮胎太重，他们有自己的办法，或合作，或滚动，所有问题迎刃而解；他们将拱桥一会儿变成球门踢球，一会儿变成平衡木走平衡，一会儿变成小屋休息一下，一会儿变成大炮发射子弹……看着一件件别出心裁、与众不同的游戏作品，我们庆幸自己"站在儿童的位置上"，让幼儿真正成了户外游戏的参与者、体验者、探索者，在游戏中激发了灵感，在思考中进行了创造。

解放大脑，让幼儿大胆地想象、思考、创造。倡导幼儿是游戏活动的主体，给幼儿真正的自由、充分的自主，鼓励幼儿主动探索、积极思维、大胆想象、努力创新,用自己喜欢的方式表现自己独特的发现、感受、经验和想法,发挥幼儿创新的潜能,促使其获得富有个性化的最大发展。

江苏省镇江新区姚桥中心幼儿园 祁玲玲

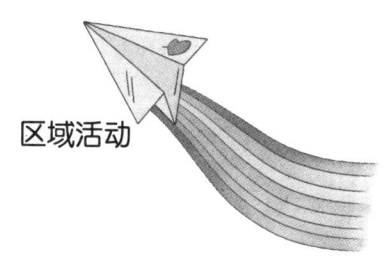

区域活动

☀户外自主游戏中的"一物多玩"

案例描述

户外游戏的时间到了,教师为幼儿准备了许多材料,有轮胎、协力棒、纸球、梅花桩、套圈、报纸、跳绳……幼儿自主选择自己喜欢的材料开始"自主游戏",教师站在一旁开始"观察"活动。可发现玩儿轮胎的幼儿滚动了一会儿便将轮胎丢弃了;玩儿跳绳的幼儿跳没多久就放弃了跳绳……

游戏时间才刚过半,已有一些幼儿开始无所事事起来,在其他幼儿间走来走去。

一、背景

户外自主游戏作为户外游戏的一种,深受幼儿喜爱。他们可以自主、自由、创造性地想怎么玩儿就怎么玩儿。玩儿是幼儿的天性,是他们年龄特征中最突出的表现。我们常将那些会玩儿的幼儿当作"聪明"的代言人,也常常用活泼机灵来赞美那些玩儿得很投入、玩儿得有创意的幼儿。那么,怎样让幼儿对同一种活动器材不断产生兴趣?

《纲要》提出,根据幼儿的特点组织生动有趣、形式多样的活动吸引幼儿主动参与。幼儿好动,活动器材是激发幼儿积极参与活动的前提,只有幼儿对活动器材感兴趣,他们才会在快乐的游戏中学习与运动。教师应以"一物多玩"作为户外活动的重点,通过一物多玩来激发幼儿主动参与活动的积极性和主动性,丰富户外活动内容。

二、措施

（一）单打独斗，让幼儿自由地玩儿

幼儿不是一开始就是天才，不是给什么都会"一物多玩"，而是在教师和同伴的引导、帮助下学会创造，教师应引导幼儿在游戏中学方法、多模仿、激兴趣、促自信。如"好玩的绳"游戏，常见的玩法是跳绳，如果每次都让幼儿跳绳，不出一周，幼儿就失去兴趣了。为此，教师可以引导幼儿在活动中初步感受"一物多玩"，互相模仿、互相学习，尝试着创造"一物多玩"。绳子不仅是绳子，还可以是其他游戏的材料，让幼儿在相互学习、模仿中找到不同的玩法，体验新鲜感，自由地玩儿尽兴。

（二）互助合作，让幼儿自主地玩

"一物多玩"可以引导幼儿合作、互助，汇集智慧。俗话说"三个臭皮匠顶个诸葛亮"，所以在进行"一物多玩"活动时，我们不仅需要汇集教师的智慧、幼儿的智慧，还要汇集家长的智慧。让大家对同一种材料进行思考，思考可以有什么玩法，通过大家共同的探索，便会产生许多创意。例如，纸盒是随处可得的废旧物品，游戏中，较大的纸盒会被幼儿做成树林、城堡、山坡、房屋……较小的纸盒则变成了小河中的石头、药箱、砖块……旧物利用，让纸盒一下变废为宝，成了幼儿创造出的各种造型的"宝贝"。当玩法不再受到思想的束缚而变得多种多样时，更多积极向上的东西便接踵而至。这种"一物多玩"的游戏活动，会促成一种良性循环，不断吸引幼儿积极参与活动。他们互助合作，使自身动手动脑、身体协调等得到了长足的发展，同时幼儿在游戏中体验到了探索的乐趣，增强了自信心。

（三）乱七八糟，让幼儿创造性地玩儿

陶行知先生提出："解放幼儿的空间，把幼儿从鸟笼式的学校解放出来，让他们去接触大自然、大社会，要解放他们的活动空间，扩大认识眼界，以发挥儿童内在的创造力。"只有把游戏的主动权交给幼儿，让他们最大限度

地发挥自己的潜能，幼儿的创造力才能得以体现。

通过"一物多玩"，我们可以看到幼儿的聪明智慧。幼儿其实是天生的创造者，他们相对于成人来说没有过多的心理压力和思想杂念，他们在相同情况下更能专注于自己所做的事情，而这往往能产生许多意想不到的效果。幼儿通过自己动手实践与探索解决在玩儿的过程中遇到的问题，可以让玩儿变得更丰富、更生动。比如，报纸在生活中也很常见，幼儿们利用报纸制作出了各种乐器，然后组成了一支乐队：有的拉手风琴，有的敲架子鼓，有的挥舞指挥棒……幼儿们玩儿得不亦乐乎。还有幼儿用报纸做成了小球和小棍，在操场上玩儿起了赶球游戏……这样的户外游戏，既是一次玩儿的经历，更是一次合作的体验。教师要放手让幼儿自己去玩儿，给他们自由的时间和空间去创造。在活动中让幼儿尽情获得自己的快乐，也让幼儿的多种运动技能在不知不觉中得到锻炼。"一物多玩"变幻出的各种新玩儿法、新创意，有效培养了幼儿参与户外体育活动的积极性，同时使幼儿的创造能力、合作能力、交往能力及语言表述能力、动作协调能力都得到了相应的发展。

湖北省宜昌市兴山县城区学前教育集团古夫园　万琼

受欢迎的蛋糕坊

案例描述

区域活动时间到了,幼儿开始各自去选择自己喜欢的区域,许多幼儿争先恐后地争抢蛋糕坊的服务员角色,有的搬着椅子往里挤,有的直接冲进去穿服务员的衣服,互不相让。霆霆在后面怎么也挤不进去,便哭了起来。他边哭边寻找教师的身影,见教师站在原地没有任何反应,便哭着主动走上前说:"老师,我想去蛋糕坊里玩儿,他们不让我进去。"教师轻轻地拍着他的肩膀说:"霆霆可以想想办法呀,我相信你会有办法的。"霆霆擦擦眼泪点点头,朝着蛋糕坊走去。

此时,晨晨和小怡已经进入蛋糕坊开始工作了,他们早早地系上了围裙、戴好了帽子,其他争抢的幼儿也作为蛋糕坊的工作人员开始了他们的"工作",有的做蛋糕、有的做小吃、有的整理货柜,开始忙起来。

霆霆站在一旁看了一会儿,擦干眼泪哽咽着自言自语道:"今天我就先当顾客吧,下次再当服务员!"服务员晨晨听到霆霆的话,笑眯眯地回应道:"行,下次你来当服务员。现在,你想买什么?"

霆霆说:"给我做个水果蛋糕,我喜欢吃水果蛋糕!"

蛋糕坊的工作人员开始给他制作蛋糕,霆霆在一旁"指挥"说:"水果多放点,我喜欢吃草莓。"

不一会儿水果蛋糕就做好了,霆霆端着水果蛋糕来到了娃娃家。蛋糕上没有蜡烛,霆霆拿了吸管当蜡烛。

这时,蛋糕坊又一次传来争吵的声音,互不相让、你推我撞的场景又一

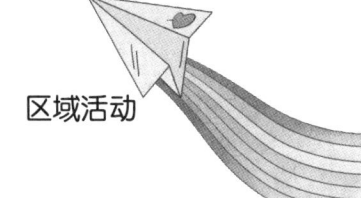

次出现了。这一次,是顾客买蛋糕不排队引起的。

服务员晨晨手忙脚乱地给顾客取东西,小怡停下手里的工作对顾客们说:"都别吵了,再这样,我们就不卖了,排好队才开始卖。"顾客们这才开始排队,服务员们又开始了正常的工作。

蛋糕坊的生意越来越好,前来买东西的顾客虽然很多,但大家开始自觉排队,不再拥挤。

一、背景

争抢角色、互不相让、以哭为手段寻求帮助等是小班幼儿在游戏过程中较为常见的行为,这是由小班幼儿的年龄特点和发展水平决定的。小班的幼儿生活经验有限,规则意识比较差,在游戏参与人数多的时候各自为政,还没有排队的意识。而通过自主游戏,幼儿可以积极调动原有的经验来解决问题,在解决问题的过程中还可以培养幼儿排队、礼让等规则意识,帮助他们潜移默化地习得一定的社会行为规范。幼儿也可以把在游戏中习得的一些经验运用到生活中,提高自理能力。

二、措施

(一)利用游戏中发生的小故事,组织幼儿进行讨论和交流

小班幼儿在游戏中经常会因为争抢游戏角色和玩具等发生冲突,这是因为他们还处于以自我为中心的阶段,缺乏与他人交往的技能。教师可以利用游戏中发生的小故事,组织幼儿结合游戏情境进行讨论和交流,帮助幼儿获得一些粗浅的交往技能,提高他们自主解决问题的能力。

作为教师,首先,必须要学会观察、善于分析,要有耐心,要倾听幼儿的心声。组织幼儿对游戏中发生的问题进行讨论,让幼儿在讨论中、争执中寻求答案。这样,不但提高了幼儿解决问题的能力,还培养了他们观察和思考的习惯。

(二) 提供低结构材料，发展幼儿以物代物的能力和水平

低结构材料，即结构简单、获取方便、可塑性强的基本材料，它是区角游戏活动开展的基础，是幼儿建构知识的依托。当游戏材料过于逼真和单一时，幼儿的游戏会比较单调；相反，多种可塑性强、不固定玩法的结构材料投放到区角中，会引发幼儿主动寻找替代物，幼儿在游戏中的神情会变得专注、笃定、兴奋，进而促使幼儿在区角游戏活动中得以健康快乐地成长。如本案例中，霆霆发现蛋糕上没有蜡烛，找了吸管做替代物。游戏中教师应允许幼儿主动寻找和发现材料，并引导幼儿合理地使用材料，逐步提高他们以物代物的能力，促进幼儿游戏水平的提高。

(三) 教师适当退后，发挥同伴的作用

《纲要》指出，教师应成为幼儿学习活动的支持者、合作者、引导者，以关怀、接纳、尊重的态度与幼儿交往。耐心倾听，努力理解幼儿的想法与感受，支持、鼓励他们大胆探索与表达。本案例中，教师在幼儿两次遇到问题时都没有直接干预，由此让我们看到了小班幼儿自主解决问题的过程和能力。所以，自主游戏中教师应该适当退后一些，鼓励幼儿多与同伴进行交往和互动，逐步获得有关交往、规则、礼貌待人等方面的经验。

游戏是幼儿的天性，当幼儿能够按照自己的想法和心意，发现或选择符合自己喜好水平的游戏内容，并在自发的游戏活动中用自己独特的行为方式，独立地接触信息、获得经验，提升认知时，他们的发展是如此的自主、快乐、和谐、迅捷。

浙江省绍兴市柯桥区兰亭中心幼儿园　冯梅芳

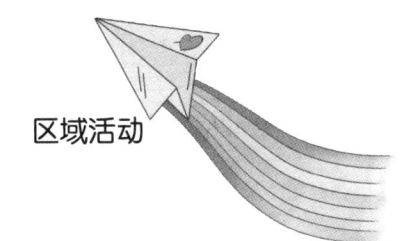

区域活动

☀ "平行世界"里的交集

> **案例描述**

小班幼儿牛牛很喜欢积木玩具,每次游戏,他都能搭出各种各样的房子、大桥,然后开心地告诉老师:"你看我搭的,多好看!"

这一天,他又选择了搭积木游戏。

和牛牛在一张桌子上搭积木的还有小宇、静静和鑫鑫。他们从玩具篮里拿了一些积木,各自搭起来。接着,小宇向篮子里看了看,又向牛牛的面前看了看,嘴巴里嘟囔了一句"给我一个",就从靠近牛牛身前的桌子上拿了一块积木。

牛牛喊起来:"不给,这是我的!"

小宇说:"这是桌子上的。"

牛牛大喊:"是我放在这里的。"

小宇向老师的方向稍微看了一下,又说:"不是你的。"

牛牛伸手去拿,小宇护住积木,牛牛大喊起来:"老师,小宇拿我的积木!"

小宇赶紧说:"不是你的。老师,我在桌子上拿的。"

教师镇静地看了看他们,转头问旁边的鑫鑫和静静:"这是怎么一回事呢?"

鑫鑫看看教师,继续玩儿自己的。

静静说:"小宇拿牛牛的积木。"

小宇反驳:"我没拿,这个积木就在桌子上。"

牛牛转向静静:"对,他拿我的积木。"

小宇坚持说:"没拿!"

牛牛举起手来要打小宇,被教师及时抱住了,牛牛哭了起来。

一、背景

更多小班幼儿具有平行游戏的特点,他们缺乏实质性的交往行为,同伴关系是表面的、松散的。由于更加关注自己的行为,他们在玩儿同样的玩具或同样的游戏时,通常是各玩儿各的,虽然会有模仿行为,但相互间没有联系,缺乏合作。

小班幼儿常常认为这是自己的、那也是自己的,他们会坚持得到想要得到的东西,保护自己的小玩具、小动物。正是因为这样的"物有权",幼儿学会了明确自己与他人的界限,学会认识"我""你""他",学会区分自己和世界。在很多情况下,幼儿会认为自己看见的、拿到的东西都是自己的,不容他人"侵犯",因此,幼儿虽然在一起做游戏却互不关联。

正因为小班幼儿以自我为中心的特点,因争抢玩具起争执的情况比较常见,这也是他们在"平行世界"里的交集,通过争吵的方式产生"交往"行为。教师不能仅凭他们的"争吵"而枉判对错,而是需要关注幼儿平行游戏背后的心理特征,从而进行有效的指导。

二、措施

(一)增加材料种类和数量,开展丰富的角色游戏

年龄越小的幼儿越需要足够数量的游戏材料,以满足幼儿个体操作的需要。只有这样,因为玩具发生矛盾的现象才会大为减少。而开展丰富的角色游戏,可以让幼儿在自己的"职业世界"里满足摆弄玩具材料的需求,也有更多的机会和同伴进行交流,让他们在"平行世界"里创造无数的交集。

(二)尊重和理解幼儿,考虑幼儿的角度和立场

在平行的游戏世界,充满了幼儿成长的挑战。教师要尊重和理解幼儿,需要深入到幼儿当前的事件中去,感同身受地体会幼儿的感受,在情境中学

区域活动

会从幼儿的角度和立场出发,用幼儿的思维考虑当前矛盾,结合幼儿的思维、道德水平及能力发展做出中肯、切合实际的判断。教师应重视幼儿自身的策略能力,多向幼儿"请教",以幼为师,探索幼儿交往世界的无限可能。

(三)识别"争吵"背后的交往行为,有效促进幼儿发展

人是所有社会关系的总和。在环境的改变、社交能力的萌发、关系的互动面前,在小班幼儿平行游戏中往往存在着隐藏的、不明显的交往意愿和交往倾向,也凸显出他们运用当前能力解决问题的交往特点,只是,他们更多使用了动作进行交流。

幼儿的这些特质,教师应该予以重视,要及时发现其中的交往萌芽和价值。例如,案例中小宇和牛牛发生矛盾,表面上看是为了玩具,而根本原因是幼儿的自我意识和同伴关系的冲突、交往意愿和交往能力的矛盾。平行游戏是他们当前的水平,也是幼儿社会能力发展的重要阶段,幼儿在平行游戏中的不相关性、自我性、个体满足性恰恰是日后产生有效交往行为的心理基础。幼儿因自我意识而产生的表达意愿,让交流成为可能。教师要及时寻找有效的措施,支持幼儿对他人行为、对环境的改变做出合适的应对,从而提高幼儿解决问题的能力,为幼儿发展有效交往奠定基础。

小班幼儿的思维特点具有感知行动性,他们常常在身体的运动中直观地观察、学习、体验,获得属于个体的经验技能。当幼儿在游戏中产生矛盾时,教师可以采取游戏式的体验形式帮助幼儿理解自己和他人,增进同伴之间愉快的情感体验,提高幼儿的语言表达能力,逐渐从关注"我"发展到关注"还有人"。

(四)结合有效课程,认识自己的交往意向

绘本是幼儿喜欢的阅读载体。我们可以选取一些适合小班幼儿理解的、具有社会教育价值的绘本开展课程,将幼儿的自我认知与社会生活相连接,和幼儿一起徜徉在愉悦的人际关系里,感受人与人共同玩耍、交流的乐趣;让幼儿逐渐意识到"我"喜欢和小伙伴玩儿、"我"会和别人玩儿、"我"

会动脑筋玩儿;在阅读和玩儿的过程中激发幼儿语言表达的兴趣,提高他们的表达能力和交往能力。

教育家陶行知先生认为,"生活即教育"。教师应让幼儿充分、自由地接触社会生活和大自然。我们不但要解放幼儿的双手让他们操作实践,更要解放幼儿的大脑让他们思维判断、分析推理,在手眼脑、身体运动的并用合作中,增进个人能力、感受真实的生活、连接广阔的世界,为幼儿成为适应社会的、具有良好社交素养的人打好基础。

江苏省南京市五所村幼儿园　王玲燕

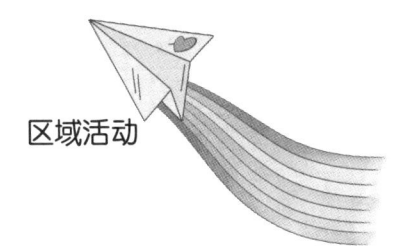

区域活动

摒弃硝烟后……

案例描述

片段一：会飞的汽车

区域活动时，宏宏在建构区专注地拼搭着，没一会儿，一辆越野车已具雏形。但当教师再次来到建构区时，宏宏的越野车竟成了一堆"废铁"，并且宏宏正以此为武器"攻击"别人。

"宏宏，你的越野车呢？"教师故作惊讶地问。

"被敌人的大炮炸掉了。"宏宏振振有词地说。

"是吗，太可惜了！"

"没关系，我可以再搭一辆。"

"要是再遇上大炮呢？"

"那……那我搭辆会飞的汽车。"宏宏想了一下说。

"会飞的汽车，肯定很棒！"

"对啊！"宏宏看起来很自信。

于是，活动结束后，成品展示角里多了一辆会飞的汽车，吸引了许多幼儿观看，而宏宏成了小小解说员。

片段二：我是洒水车

在户外大型建构活动中，幼儿又一次酣畅淋漓地呈现着自己的建构创意，但活动即将结束时，热火朝天的创建一下就成了肆无忌惮的破坏，轰然倒塌的建筑、横冲直撞的推车。

穿梭其中的宏宏显得尤为显眼，材料在他的小推车里被堆得横七竖八，随着他的一路飞奔，材料撒得满地都是，导致最终送到小木屋分类入筐的材料已寥寥无几。见此情况，教师无奈地抛出一句："洒水车又开始工作了。"

幼儿们一愣后，发出了哄堂大笑。

宏宏也止住了脚步，笑着问："是说我吗？"

"对呀，洒水车，你的任务是把'水'全部洒到前方小木屋的各个材料筐中。"教师灵机一动接口说。

"遵命！"宏宏一个敬礼之后，推着小推车，缓缓前行，这次顺利地把游戏材料妥妥地分类装入大筐中，然后又一本正经地推着推车来到教师面前说："任务完成！"

其他幼儿也有模有样地成了一辆辆执行任务的洒水车，散乱的游戏材料被陆续各归各位。

一、背景

蒙台梭利认为人的成长有四个区域，分别是代表真善美的红色区域、没有经过任何外界影响的婴幼儿所处的蓝色区域、正常成人所处的白色区域、由罪犯和神经不正常的人组成的深红色区域。在这四个区域中，蓝色区域会自发向红色区域靠拢，白色区域会自发向深红色区域靠拢，也就是说成人是趋向于"坏"，而幼儿趋向于"好"。倘若我们把自己的观点和思想强加在幼儿身上，那将是多么悲哀的事情。作为教师，应深知幼儿教育的重要性，利用教育智慧，发现幼儿的闪光点，不贴标签、不盖章。

二、措施

（一）平心静气，耐心调整

当教师发现幼儿有"作乱"行为时，应先冷静下来，观察并分析幼儿的行为，以最有效的方式调整教育策略。如案例中，宏宏的越野车不仅倒塌了，并且还以此为武器"攻击"别人时，教师并没有急于发怒，而是选择以同伴的身份细细询问、耐心倾听。果然，其中另有隐情，原来是被敌人的大炮炸了，为此才有了"奋起反击"的一幕。在这一问一答间，幼儿的"问题"行为结束了，师生间如朋友般良好的情感关系、互动关系轻松建立起来，也为后面宏宏搭建出"会飞的汽车"做好了铺垫。又如，当面对幼儿不遵守规则肆意而为时，教师一句"洒水车又开始工作了"形象而幽默地点出了幼儿的不当行为，使幼儿在轻松、愉悦的氛围中认识到问题，才有了后来的一连串惊喜，这是尖锐的批评所远远不及的。可见，惊喜缘自平心静气的交流。

（二）关注细节，抓住契机

教师应怀揣着对幼儿的"敬畏"之心，关注细节，本着关怀、接纳、尊重的态度，以幼儿的兴趣需要、活动表现为主线，顺势利导地形成合作探究式的师生互动。案例中宏宏的一句"被敌人的大炮炸了"，呈现给教师的不仅是一个原因，还包括先前幼儿之间游戏的一幕。教师很好地抓住这一信息，顺着幼儿的思维，以关怀的态度表述自己的想法，提出"要是再遇上大炮呢？"这一问题，引发幼儿思考，使幼儿产生搭一辆更好的汽车的想法，最终产生了"会飞的汽车"。而一辆会飞的汽车引来了许多围观的幼儿，使宏宏体会到了成就感，并得意地做起了小小解说员，使活动得到进一步延伸。正是因为教师关注了细节，捕捉到了教育契机，顺势利导地引发幼儿的创造思维，才使枯燥的遵从成了有趣的游戏，使游戏的价值得以最大化。

浙江省绍兴市柯桥区钱清镇中心幼儿园　王鑫美

做个"懒"老师

案例描述

早餐过后，幼儿选择了自己喜欢的游戏区域玩儿了起来。他们井然有序地沉浸在游戏的快乐之中。但是，安静并没有持续多久，就开始热闹了起来……

片段一：平地生波

幼儿们都在玩儿，只有睿睿一人站在座位旁，不一会儿，便看到他趴在地上，地上那么凉，我不禁大声喝止道："睿睿快起来！"但他似乎并没有听见我说的话。顺着他的目光，我发现他正在使劲把手往床底下伸……突然，睿睿大叫："老师，快来呀！这床底下有胶棒！"他的声音打破了教室的宁静，同样也敲击了我的心。原来他是想把床底下的胶棒拿出来，我差点错怪了他。

片段二：一波三折

睿睿依然够不到胶棒，寻求我的帮助，我走过去看了看，说："挺远的，还有别的办法吗？"话音刚落，睿睿跑到图书角，东看看、西看看。接着，他拿起一本大绘本，跑到了床边，试图用绘本将胶棒钩出来，但仍失败了……

接着，他走到馨馨面前，向馨馨借了拼接的"水管"，试图用"水管"把胶棒钩出来，还是失败了……

我在一旁默不作声地看着，睿睿一边挠头，一边望向我。突然，他跑到了我的椅子跟前，拿起了我椅背上的丝巾，然后喊上圆圆，两人把丝巾铺在地上，试图用丝巾去钩胶棒，但依然失败了……

睿睿耷拉着脑袋，显得有些气馁。我走过去，试图引导他。于是，我问了睿睿几个问题：

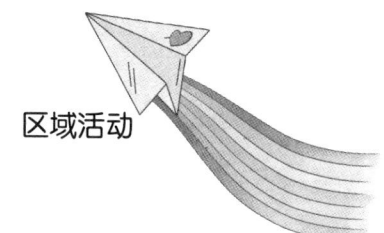

区域活动

"我们一起想想图书为什么钩不着胶棒呢?"

"因为太短了。"

"那丝巾为什么钩不着呢?"

"因为太软啦!"

"那'水管'为什么也钩不着呢?"

"容易断。"

"那你们想想有什么东西又长又硬能把胶棒钩出来呢?"

于是,大家像炸了锅的蚂蚁似的,七嘴八舌地讨论起来……

片段三:推波助澜

只见睿睿跑到了"风车城堡"区域,拿回一个风车,用风车杆努力地在床底下前后挥着,不一会儿,就钩出了一些雪花片。尝到了些许成功的滋味,睿睿将手里的雪花片递给我,开心地笑了……但是胶棒还在床底下。睿睿思索了一下,跑进盥洗室,拿出一个海绵拖把,用杆子使劲地在床底来回拨动。可是,拖把太重了,不仅没有把胶棒钩出来,还将胶棒推到了更里面,这下他傻眼了。

片段四:浪里淘金

睿睿失望了,他再次向我求助。我笑了笑,说:"胶棒在床底的最里面,除了拿东西钩出它,还有其他办法吗?"睿睿不假思索地指了指床,回答:"把床挪开!"

我点头默许。

二话不说,睿睿和其他幼儿一块儿将床往后拉。床被拉出来了,胶棒终于被"解救"了出来!这一次,他们不仅收获了胶棒,还收获了以前掉进去的小汽车、积木……

随后,幼儿们又齐心协力将床挪回了原位。

一、背景

无论在家还是在幼儿园,一些"权威"的声音时常会围绕在我们的耳边:"别动""别碰那个插座""那样很危险""乖,要听妈妈(老师)的话"……

为了避免麻烦，教师和家长给了幼儿过多的限制，禁锢了幼儿的智力发展，削弱了幼儿探索世界的兴趣，这样在不知不觉中反而束缚了幼儿的个性发展。试想，如果把问题抛给他们，做个"懒"老师，事情又会出现什么变化呢？

二、措施

（一）教师是幼儿活动的旁观者、引导者、支持者

每个幼儿的观点和想法不同，尽管他们的一些做法与常识相违背，但却是幼儿在生活经验基础上想象再加工而生成的。体验是幼儿重要的学习方式，也是认知和态度形成的基础。一切学习都要靠"做"来习得，最终转化为自己的经验，这种感受和领悟是最直接的。当幼儿想认真探寻一件事情时，兴趣便会越"做"越浓，这时我们应充当好旁观者的角色。但当幼儿屡次失败时，我们需要转换到"引导者"的角色，帮助他们重拾信心，使活动得以继续进行。在活动中的成功感或者挫败感会影响幼儿对自身的看法和态度。经常获得成功的体验，人的自尊、自信就会增强，反之则会降低。

教师也是幼儿活动的支持者。在活动中，要尊重幼儿的主体地位，注意发挥幼儿的自主性，让幼儿自己探索解决问题的方法并进行实践，以此锻炼幼儿解决问题的能力。幼儿游戏时，常常会发生各种意想不到的事情，面对这种情况，如果教师能够等一等，为他们创造一个探索的机会，他们一定会回报给我们一个意外的惊喜。

（二）沉着应对幼儿的突发事件

卢梭曾经说过："儿童有他特有的看法、想法和感情，如果想用我们的看法、想法和感情去代替他们的看法、想法和感情，那简直是最愚蠢的事。"我们无法避免生活中的突发事件，教师要处变不惊，随机应变，耐心引导幼儿通过思考、操作、尝试，不断感知不同材料的特点和用法，结合已有经验进行迁移，解决生活中出现的问题。幼儿当前的兴趣、关注点及行为是主动学习的自然起点，在生活中的偶发事件里，幼儿往往可以获得更多的经验，提高解决问题的能力。

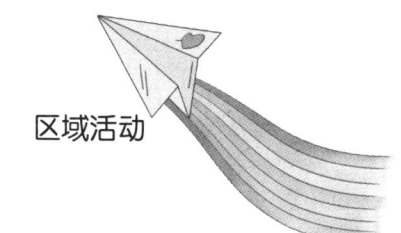

（三）懂得放手，倾听幼儿

教师作为幼儿学习的引导者、支持者，应为他们提供生活中的各种材料供他们使用，给他们创造机会，让幼儿大胆地进行各种尝试。在幼儿使用材料时，教师应注意启发他们感受不同材料的特征，鼓励同伴合作。我们应该追随幼儿的兴趣，发挥幼儿的创造性，让幼儿亲身体验远比传统教育中的讲解强得多。我们不如做一个"懒"老师，多给幼儿一些思考、尝试、表达的机会。教师要学会倾听幼儿的心声，因为只有走近幼儿才知道他们的童心世界有多精彩。

江苏省南京市江宁区禄口中心幼儿园　王欢

幼儿园一日活动教育技巧50例

悄然改变的轩轩

案例描述

轩轩是一个性格内向的男孩子,他平时很少举手回答问题,也不主动参与各类活动,经常独自玩耍或者看着别人玩儿,遇到有难度的活动和任务很多时候不敢自己动手去尝试,平时听他说得最多的话就是"我不会"。我与家长进行了交流,轩轩的妈妈说,轩轩在家也是这样,很依赖他们,做事特别不主动。我和轩轩妈妈一起分析原因,寻找突破点,等待着轩轩的改变和成长。

镜头一:他的尝试

区域活动时,轩轩在美工区拿着一个牙膏盒看了又看,没有动手。他转头看着旁边正在用盒子做一辆小汽车的丁丁。看了一会儿,轩轩站了起来准备离开美工区。因为像这样的情况已经出现了好多次,所以我就走过去问他:"轩轩,你是不是也想做一辆小汽车呀?"

轩轩看着我说:"可我不会。"

我鼓励他:"这个不难的,你慢慢试着做一做,一定能做出来的。"

轩轩点点头重新坐下来,拿起刚才的牙膏盒,在我的鼓励下动手做起了小汽车:他用硬纸板剪了四个一样的小圆形,接着将小圆片粘到了牙膏盒下面当车轮,又用记号笔在盒子上画了车窗、车灯,一个小汽车在他的手中完成了。

我笑着说:"轩轩的小汽车很漂亮!我们一会儿拿给小朋友们看看。"

在评价环节,我请轩轩介绍自己做的小汽车,轩轩有些紧张,他将小汽

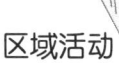

区域活动

车举起来,却不知道说什么。他看着我求助,我笑着说:"轩轩可以告诉大家你做的是什么吗?用什么做的吗?"

轩轩对着大家小声说:"这是小汽车,我用牙膏盒做的。"

我和小朋友一起鼓掌,轩轩红着脸坐回了位置。

镜头二:他的坚持

角色游戏开始了,轩轩直奔"汽车店",最近他总喜欢当汽车店的工作人员,几乎没有换过其他的游戏区。我尝试着引导他换个游戏区,他摇摇头,还是选择了当汽车店的工作人员。

我不放弃,找他聊天:"轩轩为什么不愿意参加其他游戏呢?"

"那些游戏我不会玩儿,小朋友不愿意和我一起玩儿。"

在了解了轩轩的想法后,我没有再阻止他做汽车店的工作人员,而是继续鼓励和支持他的游戏。同时,我请几个乐于助人的幼儿主动邀请轩轩一起游戏,慢慢地轩轩能主动参与到其他游戏中了。

镜头三:他的转变

中午我看到书架上的图书摆放得不整齐,于是随手整理起来。这时,有一双小手伸过来整理起了图书,我回头一看,惊喜地发现是轩轩。在我和轩轩共同努力下,书架上的图书变得整整齐齐。午间谈话时,当着所有幼儿的面,我表扬了轩轩。在和幼儿讨论后,轩轩成为了我们班的小小图书管理员,负责管理班级的图书。轩轩变了,他用心做着小小图书管理员的工作,那个不自信的轩轩不见了,他的工作得到了大家的表扬,大家也越来越喜欢和轩轩一起玩儿。轩轩变得能积极地参加各类活动,也爱举手发言了,而且越来越自信!

一、背景

《指南》提出,4~5岁的幼儿能够自己的事情尽量自己做,不愿意依赖别人;同时敢于尝试有一定难度的活动和任务。4~5岁的幼儿已经建立起了自尊心,自我认同感也在快速发展着,这一年龄段的幼儿希望被认可、欣赏、赞美的心理动机很强烈,当他们获得想要的肯定、欣赏和赞美后,他们的自我认知、内在动机、自尊和自信品质就能得到快速发展。因此，教师正面的评价和肯定对幼儿尤为重要，应让幼儿在幼儿园的每时每刻都能感受到自我的价值，这是幼儿自主、自信的前提。

二、措施

（一）良好的师幼关系

良好的师幼关系对幼儿来说非常重要，教师对幼儿的关爱、温暖，能让幼儿感受到安全，进而形成自尊和自信，可以说师幼互动直接影响幼儿的社会性和个性发展。利用游戏可以形成有效的师幼互动，因为游戏一直受幼儿喜爱，游戏中的幼儿是平等的，他们从中能收获友谊，共同完成任务。在游戏中的幼儿放松、自由、愉快，可以有自己的想法，乐在其中。幼儿需要成人的鼓励与表扬，也需要同伴的认可，我们应帮助幼儿使他们感受到同伴对自己的接纳和喜爱，感觉自己是被需要的人，自信心便会随之增强。

（二）尊重幼儿，体验成功

我们要学会保护幼儿的自尊和自信，让他们能积极地参与各项活动，勇于面对困难，尝试自己解决问题。我们应尊重幼儿的想法，相信幼儿的能力，为他们创造解决问题的机会。对于内向的幼儿，教师应有目的、有计划地引导他们发挥自身的优点。教师可通过教他们一些技巧，请同伴带着他们一起活动，帮助他们获得成功，在一点一滴的成功中逐渐获得自信心。教师也可以根据幼儿的能力，设计不同层次的活动，鼓励幼儿承担一定的任务，让幼儿拥有自主权、选择权，让每个幼儿都能发现自己的长处，充分体验成功的乐趣。

每一名幼儿都是独立的，就像世界上没有两片完全一样的树叶，这就要求教师是一个胸怀博大的人，真正做到因材施教，让其在正确的引导下自主、自信，快乐成长。

江苏省淮安市清河机关幼儿园　　梁翠云

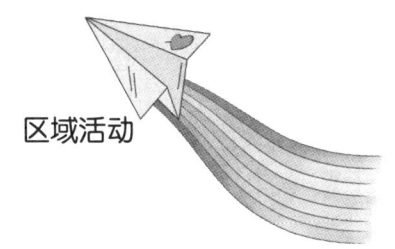

区域活动

☀是问题，也是学习

案例描述

锻炼平衡协调能力的蹦蹦床一直是幼儿喜欢的运动器材之一。但蹦蹦床体积较小，出于安全考虑只能满足单人游戏的需求。今天户外活动时，教师一声"解散"令下，幼儿照例一窝蜂似的冲到蹦蹦床上。顷刻间，"我先来的""不对，该我玩儿了""你玩儿那么长时间不下来"的声音此起彼伏，纠纷不断出现。

教师暂停了这个游戏，并将这些纠纷提出来，让幼儿讨论：为什么会出现这种现象。幼儿们纷纷说：小朋友不团结友爱、不谦让、不会轮流……其中的道理他们都很明白，表现出大班幼儿具有的初步是非感和判断能力。

教师请他们进一步讨论："既然知道问题在哪里，我们该怎么样对待这个问题，怎样解决这个问题呢？"

幼儿们异口同声地说："轮流玩儿。"

大道理幼儿们都懂，然而实际情况是问题一个接一个出现。

正在玩儿的幼儿不愿下来，等待的幼儿都很着急。通过协商，这个问题刚解决，告状声又起："老师，他跳得慢，他玩儿的时间太长了。"

一下子，场面又混乱起来。

一、背景

体育活动是幼儿活动的重要组成部分，它不仅能锻炼幼儿的身体、增强体质、培养勇敢坚毅的品质，还是幼儿发现问题、思考和解决问题的一个有效途径。但是，虽然幼儿在活动中得到了充分的身体锻炼，但随之会出现许多困难、纠纷和问题。

幼儿年龄小，生活经验少，在活动中对出现的各种问题的理解、解决能力较弱，产生矛盾后多数幼儿习惯于求助教师解决问题，但大班幼儿面临升入小学独立生活，培养解决问题的能力尤为重要。单纯、直接地为幼儿提供解决问题的方法，或者粗暴制止矛盾都是不利于幼儿成长的。幼儿出现各种矛盾和问题都不可怕，教师需要明白，这些是问题，但也是学习的机会，教师要抓住幼儿成长的契机。

二、措施

（一）为幼儿树立乐于动脑解决问题的榜样

大班幼儿因交往能力增强，同伴关系逐步稳固，幼儿间相互影响的作用有时更甚于成人对幼儿的影响。教师应经常性地肯定积极思考解决问题的幼儿，为幼儿树立乐于思考的榜样，促使他们向同伴学习，在认同—模仿—创新中不断进步。例如，活动中，幼儿能够动脑筋思考问题，在活动的讲评环节，教师就要表扬乐于动脑思考的幼儿，肯定他们合理又有成效的解决问题的方法，并帮助他们深入分析，商讨出更好的方法，逐渐提高幼儿解决问题的能力。教师也可以请表现好的幼儿在其他幼儿面前进行演示，在班级中营造乐于解决问题的氛围，同时也为其他幼儿树立榜样。

（二）为幼儿创造解决问题的机会

许多教师常有一个习惯性思维：预先思考幼儿可能产生的问题，提前做出相应的举措避免问题发生。但我们的过度保护在一定程度上阻碍了幼儿学习、发现和解决问题的能力。幼儿是在实践中学习解决问题的，如果将问题提前解决，或将解决的方法直接告诉幼儿，就剥夺了他们思考和解决问题的机会。因此，教师应当抓住日常生活中的契机，或者人为制造一些问题情境，鼓励幼儿去思考和解决。如故意提供不适宜的问题解决策略，让幼儿在实践中发现策略的缺点并尝试调整。

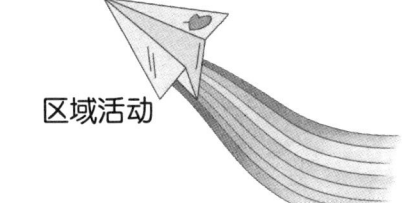

（三）适时对幼儿进行指导、提建议

幼儿经验有限，解决问题的方法未必适当、有效。当他们发现自己的解决策略无效时，很容易产生挫折感，失去继续努力的动力，此刻就应当体现教师的支持、引导作用。教师要在幼儿出现问题时，提出解决问题的建议，或提供一些努力的方向等，帮助幼儿将解决问题的行为继续下去，从而保护幼儿解决问题的欲望。如教师可以肯定幼儿努力解决问题的行为，点评他们策略中有效的方面，然后鼓励幼儿积极思考进一步解决问题的方法。幼儿不如成人逻辑性强、预计能力不够，教师可以在幼儿提出问题后适度帮助他们梳理思路，将突出问题分析出来，以利于幼儿进一步思索。

山东省青岛市市南区三明路幼儿园　张兰

教学活动

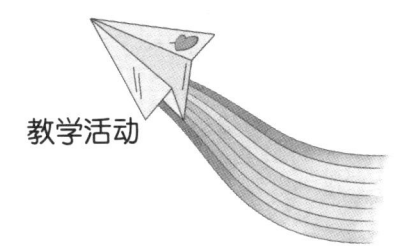

教学活动

教育教学中提升问题的有效性

案例描述

在小班主题活动"大大小小"中,我问他们:"小朋友,你们觉得干木耳是什么样子的?"

"干木耳是黑色的。"

"干木耳小小的。"

其实,我的问题本意是想让幼儿根据自己的已有经验表达出干木耳的质感是硬硬的,但是幼儿的回答并没有向我所预想的靠近。

在接下来的实验中,我让幼儿观察木耳泡在水中的变化。实验结束后,我问:"大家发现了什么?"

面对这个问题,大部分幼儿没有作出回应。

于是,我转换了一种提问方式:"大家发现木耳的身体和刚才有什么不一样吗?"经过我的提示,幼儿纷纷表示:"木耳变大了。"

然后,我请幼儿摸一摸泡过水的木耳,问:"现在的木耳和刚才的干木耳又有什么不一样吗?"

可可说:"木耳摸上去软软的。"

我继续问:"木耳这是发生了什么变化?"

幼儿们一阵沉默。

一、背景

幼儿教育与其他的教育不同,因为处于这个阶段的幼儿正处于学习的启蒙阶段,这个阶段的幼儿每天的主要任务就是玩儿。那么在玩儿的同时,如何更好地关注幼儿，如何提升幼儿园课程的教学质量，已成为幼儿教育中最受关注、最普遍的问题之一。

在幼儿园课程中，教育教学活动显现了它的重要性和不可或缺性，而教育教学活动的有效性取决于教师与幼儿间互动的有效性，而互动的有效性也间接取决于教师提出的问题的质量。同时，教师的提问是教育教学活动中最直接、最常用的一种互动交流形式，教师提问的成功与否，直接影响到幼儿对活动的兴趣，也直接关系到教育教学活动的成败。

二、措施

（一）问题的提出要关注幼儿，切合实际

教师对幼儿的提问，要从幼儿的已有经验出发，即幼儿是否有这方面的经验，是否可以回应这样的问题。对于小班幼儿，教师提问时要具体明确，语速不能太快，问题不能太多、太复杂，这主要是受小班幼儿理解力和思维能力所限；对于中、大班幼儿，提问时教师语速可以适当快一些，这样不仅起到了集中幼儿注意力的作用，还能够锻炼幼儿的理解能力，使其思维高速运转。

如在开展小班数学活动"感知辨别上下"时，教师先问幼儿："小鸟往哪儿飞？"有幼儿说用翅膀飞，也有幼儿摇头示意不知道。于是，教师引导幼儿一起学习小鸟向上飞。通过教师的示范，幼儿了解了小鸟是用翅膀向上飞翔的。接着，教师讲了一个故事，然后提问："小雨滴去哪儿了？"因为问题提得不够明确，幼儿回应的积极性不高。于是，教师转变了一种问法："小雨滴落在了哪里？"问题中出现的"落"这个比较具体的动词，能够起到帮助幼儿梳理问题的作用，促使幼儿带着问题进行思考。

（二）问题的提出要具有吸引力

在幼儿园课程的设计中，要注意设计有趣、悬疑的问题，以引起幼儿的好奇心和求知欲望，促使他们积极、愉悦地参与到活动中来，体验成功的乐趣。

例如，在给小班幼儿讲故事《小猪吃西瓜》中，教师根据同一张画面设

计了两个问题:"小猪怎么了?""小猪为什么会摔跤呢?"通过幼儿的回应,很明显第二个问题更受幼儿欢迎,可能"摔倒"这个话题更能够让幼儿产生联想。聚焦以上经验,教师让幼儿通过动作来表演,在情境中再现故事,幼儿对故事和相应的词汇有了一定的认知和理解。整个活动中,幼儿参与性极高,而且很快根据画面内容找出了使小猪摔倒的真正"凶手"——西瓜皮。

又如,在科学活动"运水"中,教师提问:"小朋友,你知道怎样来给水搬家吗?"幼儿的回应非常积极。教师又出示准备好的物品问:"你们觉得这些物品可以帮助我们运水吗?"教师的问题激发了幼儿探究的欲望,个个跃跃欲试。

(三)问题的提出要紧扣重点

在幼儿园课程的开展中,如何设计问题,成为教师需要思考的重点。例如,在小班美工活动"棒棒糖"中,教师先让幼儿观察制作棒棒糖的步骤和方法,然后提出问题:"棒棒糖是怎么做出来的?"有幼儿说是用圆球做出来的,有幼儿说是用小棒棒做出来的等,幼儿的回答已经远离了教师提问的初衷。活动后教师进行反思,聚焦经验,发现没有抓住教学活动的重点,没有抓住关键问题进行提问,影响了幼儿学习的效果。鉴于此,教师应该抓住关键问题来提问,并与幼儿交流互动,调动幼儿的已有经验,提升幼儿的经验值。

(四)问题的提出要有层次性

《指南》提出,要承认和关注幼儿的个体差异,注重保护幼儿的自尊心和自信心。教师的提问要从幼儿的实际出发,在了解幼儿发展水平的基础上,结合幼儿的最近发展区,有针对性、有区别地设计问题。因为提问的内容过于简单会使幼儿失去兴趣,也起不到启发、引导的作用;而如果提问的内容难度过大,则会使幼儿失去信心。教师只有潜心观察、了解、分析幼儿,为幼儿创造良好的学习环境和氛围,让幼儿在适合的位置上前行,才能够确保他们跳一跳就能摘到果子,而不是面对遥不可及的距离茫然无措。在实际教育教学活动中,对于简单的问题,可以请胆子较小、不善言谈的幼儿来回答,感受自信带给自己的快乐。对于有一定难度的问题，让一些能力较强的幼儿先来回答，并通过他们的回答带动其他幼儿的思路。

综合以上经验，在今后设计教育教学活动时，教师还要留给幼儿思考的空间和幼儿询问问题的时间，真正做到有效提问和互动交流有机地结合在一起，调动幼儿学习的积极性和主动性。

山东省滨州市滨城区教育实验幼儿园　范婷婷

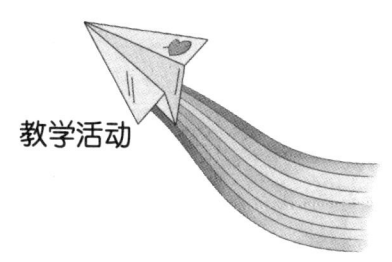

教学活动

☀在情境中学习文学作品

案例描述

学习散文《蒲公英》时，活动一开始教师播放相关视频，幼儿的注意力立刻被吸引过来，看得很投入。但是视频播放完后，幼儿便开始无精打采起来，尤其是教师要求幼儿欣赏散文的美时，幼儿不能够仔细倾听，对"轻盈""飞扬"等词汇的理解也比较欠缺。活动快结束时，教师抛出问题引导幼儿思考，但幼儿的反应平平，整体教学效果很一般。

一、背景

学习文学作品的价值在于培养幼儿初步感知和欣赏文学作品语言的能力，同时使幼儿在欣赏的过程中获得精神上的愉悦和满足。在文学作品的学习、理解、体验过程中，教师通过创设故事情境，引导幼儿积极主动地学习、感知文学作品，使幼儿在美的情境中能够感受语言的美。

幼儿具有热爱文学作品的天性，他们对童话、故事、儿歌充满浓厚的兴趣，每一首儿歌或故事都含有丰富而独特的语言信息。幼儿对不少优秀作品看不厌、听不够，不是因为幼儿喜欢机械地重复，而是因为每欣赏一次都会有新的感觉、新的发现、新的享受。为了引导幼儿在文学作品教育活动中积极、主动地学习，感知文学作品的语言，并能创造性地运用文学语言，教师可以创设丰富多彩的情境，充分调动幼儿的感官，带领幼儿在情境体验中走进童话的世界、故事的海洋。

二、措施

（一）巧设情境，为幼儿学习文学作品提供帮助和支持

将文学作品传授给幼儿，对幼儿的语言发展具有很重要的意义。但以何种形式传授给幼儿，是教师必须充分考虑的问题。对于幼儿较难理解的作品，教师可以运用以下情境：

1. 借助相关教具，创设童话情境

如在小班故事《谁咬了我的大饼》的学习中，教师可利用小鸟、小兔、狐狸、鳄鱼、河马等手偶，创设一个完整的童话情境，让幼儿在这样的情境中快乐地学习、积极地表达。

2. 利用自然环境创设感知情境

幼儿的经验来自生活，直观的生活经验更能让幼儿与文学作品产生共鸣，让幼儿有话可讲。例如，在学习《小雪花》前，教师可以带领幼儿一起观察雪花的颜色、形状及下雪后的变化，感受雪花飘落的样子。在幼儿有了丰富的感性经验后，对作品内容的理解会更深刻。又如，在《有朋友真好》故事中，为了让幼儿体验到有朋友的快乐，在活动前教师可以侧重于引导幼儿遇到困难时要互帮互助，这样在活动时幼儿更容易体会作品中的情感。

3. 利用生活物品创设真实情境

情境教育的直观性更能促进幼儿学习语言，通过带入情境，把观察和思考结合起来，可以发展幼儿的内部语言。如在学习诗歌《圆圆圆》时，教师将整个活动室布置成圆的世界，活动室四周张贴并摆放各种圆形的图片及实物皮球、苹果、荷叶、盘子、玩具等，幼儿通过看图例体会诗歌中圆形的抽象概念，非常有趣。

4. 利用多媒体创设多种感官参与的情境

课件、动画等教学形式，能够有效调动幼儿的多种感官感知和参与的积极性。如幼儿诗《自己去吧》，幼儿观看动画，了解到小猴自己摘果子学会了爬树、小鸭自己洗澡学会了游泳、小鹰自己看风景学会了飞翔，幼儿在视

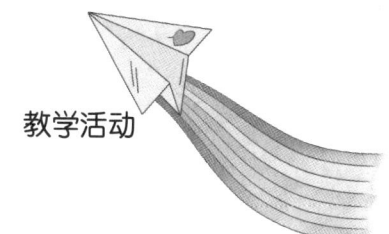

觉和听觉的刺激下感知幼儿诗内容。

（二）利用情境，协助幼儿理解、体验作品

为了进一步引导幼儿理解、体验作品，让幼儿通过亲身感受去体验作品中展示的人物的情感历程和心理世界，教师可以创设游戏情境、表演情境等。

1. 创设游戏情境

《纲要》指出，幼儿园教育应以游戏为基本活动，促进每个幼儿富有个性的发展。以《纲要》为指导，我们根据幼儿的学习特点，在文学作品朗诵方面尝试游戏化教学。根据每个作品的内容，设置相应的游戏情境，让幼儿在愉快的游戏中理解儿歌、诗歌、散文和故事的结构和基本特征。例如，在学习散文《小雨点》时，我们设计了"大树、房顶、雨伞"等场景，让幼儿扮演小雨点，在音乐的伴奏下，用动作、体态自由表现小雨点落下来的形态。幼儿乐在其中，学起来也比较快。

2. 创设角色表演情境

不同题材的文学作品中往往有许多幼儿喜欢的角色，分角色表演的形式很受幼儿的欢迎，让幼儿扮演自己喜欢的角色，能够加深他们对作品的理解。幼儿通过角色表演不仅可以体验文学作品，而且能提高语言表达能力。如在散文《会响的小路》中，幼儿分别扮演小刺猬、小兔子、风儿、小蚱蜢等，在柔美的乐曲声中边朗诵边表演，语言能力自然而然得到了锻炼。

（三）情境延伸，拓宽幼儿创造性想象力和提高幼儿语言表述能力

教师应创设条件，鼓励幼儿创造性地运用语言去表达自己的认识与想象，培养幼儿对语言艺术的敏感性。此环节创设的情境有：

1. 创设自制图书情境

幼儿将熟悉的文学作品内容根据已有经验进行创编，然后制作成小画书。幼儿自制图书活动不仅体现了图书的重要价值，而且让幼儿体验了文学作品的创作过程，了解了图书的来历，从而达到使幼儿更加爱惜图书，热爱阅读的教学目的。

2. 创设模仿、续编的情境

仿编的过程是一个迁移作品经验的过程。活动前教师可准备（或与幼儿一起准备）一些实物、图片，这些实物、图片应能围绕故事主题引发幼儿联想。如在讲到《蛤蟆爷爷的秘诀》时，教师提出问题："蛤蟆爷爷和小蛤蟆还会遇到什么样的危险吗？"有幼儿说："或许它们会遇到一只大老虎，但是聪明的小蛤蟆想办法把老虎骗到了小河边，然后跳到水里游走了。"这说明幼儿在故事的仿编上会有自己的思路和想法，懂得运用生活经验创编故事。

在丰富多彩的情境中，一静一动，既符合幼儿的学习规律，又能引导幼儿用语言表述愉快的体验过程，使幼儿亲身感知和欣赏文学作品的美，理解文学作品的寓意以及如何在生活中创造性地运用文学语言，真正达到了文学作品来源于生活，而最终回归于生活的目的！

山东省滨州市滨城区教育实验幼儿园清怡园　宋红玉

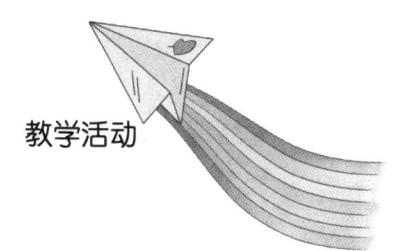

教学活动

在文学作品欣赏活动中构建积极有效的师幼互动

案例描述

一天,在小班美术教育活动中,我带领幼儿为蝴蝶绘制美丽的花纹。以《三只蝴蝶》的故事引出主题后,为了让幼儿更深刻地了解蝴蝶的花纹,我出示了多种多样的蝴蝶花纹图片,幼儿可感兴趣了,激烈的讨论就此拉开序幕:

"老师,那个花纹像水波纹。"

"老师,这个花纹是小圆点。"

"老师,这个花纹是短短的直线。"

……

在幼儿兴高采烈的讨论声中,只见恒恒举着小手,大声地喊着:"老师,你看,那只蝴蝶的花纹像棒棒糖,我妈妈给我买过棒棒糖,可甜了,我最爱吃棒棒糖了。"

"老师,我也吃过!"

"老师,我妈妈也给我买过!"

"老师,我也最爱吃棒棒糖了!"

……

教室里一片嘈杂,我努力引导幼儿观察蝴蝶花纹图片,但孩子们显然已经对棒棒糖产生了浓厚的兴趣,场面一度难以控制。

幼儿园一日活动教育技巧50例

一、背景

幼儿文学作品欣赏活动是幼儿园语言教育活动的重要组成部分，承担着让幼儿感受语言的丰富性和多样性，发展幼儿前阅读能力及阅读兴趣，培养幼儿审美情趣的任务。它是一个由欣赏主体对文学作品中承载的各种信息进行感知、联想、理解、体验、评判、价值认同、内化的过程。积极有效的师幼互动能够引导幼儿深入地感知作品内容、体验作品情感、评价作品中的角色形象及其行为，从而提升幼儿的文学欣赏水平，发展幼儿的语言能力。

教师和幼儿在互动中是同等重要、互为主体的，它以教育活动为载体，以师幼接触为基础，以教育和学习目标为指向，以促进幼儿发展为目标，是教师与幼儿、幼儿与幼儿之间的双向人际交流。目前，师幼互动存在以下问题：

1. 师幼互动处于一个不平等的关系，幼儿主体地位缺失

受传统教育观的影响，教师没有把自己和幼儿放在一个平等的位置上，导致教师话语霸权及对幼儿声音的漠视。教师高度掌控活动的整个流程，为了达成教学效果，不能关注到每名幼儿的情感需求。

2. 师幼互动存在脱轨现象

教师的专业素质对师幼互动的质量有很大影响，教师常常表现出对幼儿互动行为的轻易否定，大大降低了师幼互动的质量。

3. 师幼互动的单一性

师幼互动往往只是发生在教学环节，而其他时间则很少有互动行为发生。然而，众所周知，幼儿因身心发展的阶段性特点，不能长时间地投入学习，为了不影响其健康成长，幼儿的学习行为往往伴随着游戏活动进行。因此，幼儿的游戏活动时间在每天的时间安排中占有很高的比例，而这一环节的师幼互动较少，反映出教师对互动环节设计的缺失，进而可能导致各个环节互动行为失衡，这也从另一个角度反映出了教师观念的落后性。

二、措施

《纲要》指出，幼儿园的教育是为所有幼儿的健康成长服务的，教师要

以关怀、接纳、尊重的态度与幼儿交谈,耐心倾听、仔细理解幼儿的想法和感受,支持、鼓励他们大胆探索与表达,关注幼儿在活动中的表现和反应,敏感地察觉他们的需要。教师应及时以适当的方式应答,以形成合作、探究式的师幼互动。

教育是教师与幼儿双主体间的对话与交流的过程,没有双方的互动,一切教育都难以促进幼儿的发展。那么,在文学欣赏活动中,如何构建积极有效的师幼互动才能使幼儿的学习更加深入,更能引发幼儿自主学习和学习兴趣呢?

(一)构建宽松的互动氛围

师幼互动应建立在轻松、自由的基础上,在教师和幼儿都保持愉快心情的情况下,相互之间产生积极的互动,共同创造爱的氛围。教师应努力关爱幼儿,了解他们的生理和心理特点,尊重幼儿的意愿和言行,鼓励他们多说、多做、多表现,让幼儿能够时时刻刻感受到教师传递过来的爱。教师应以平行的关系与幼儿互动,让幼儿在安全、愉快的心理环境中与教师、同伴积极交流,主动表达独特想法。

(二)敏锐观察幼儿的需要

能否对幼儿的行为给予关注,是师幼互动能否得以进行的前提和基础,也是幼儿能否产生被支持感和信任感的基本条件。教师要俯下身来,认真细致地观察幼儿的活动,以及偶发事件中所隐含的教育价值;站在幼儿的角度解读他们的行为,发现他们感兴趣的事物和游戏,并给予接纳、支持和应答,最终形成合作探究式的师幼互动,有效促进幼儿的自主学习与发展。

(三)尊重幼儿的主体性

在师幼互动中,教师绝不是简单的管理者、指挥者或决策者,更不是机械的灌输者和传授者,而是良好师幼互动环境的创造者,交往机会的提供者,幼儿的支持者、引导者和观察者。教师要对幼儿的心理、行为、语言和选择等给予充分的尊重,在互动过程中,鼓励幼儿进行自主选择和创意发挥,引导并表扬幼儿积极发言、踊跃参与互动等良性行为,使幼儿的主体性能够得到发挥。这样，幼儿参与师幼互动的意识就会得到强化，参与热情也会进一步提高，这对幼儿创新思维的发展、个性的形成以及师幼互动的深入推进都具有积极的作用。

（四）尊重个体差异性

尺有所短，寸有所长，在师幼互动中，教师应根据不同幼儿的实际情况，采用多元化的互动方式，体现对幼儿个体差异性的尊重。在师幼互动过程中，教师不能盲目地进行互动引导，需要在尊重幼儿发展差异性的基础上，发掘不同幼儿的特点，进而有针对性地进行引导，使幼儿在教学互动中有效地将自身的个性彰显出来。

（五）培养良好的课堂常规

常规是保证幼儿园一切活动顺利开展所必要的规定，良好的常规既要给幼儿自主活动的空间，又要有一定的规范要求。常规要求应有利于培养幼儿的良好习惯，有利于幼儿在安全有序、自然、自主的状态下进行活动。幼儿课堂常规是幼儿教育活动得以顺利开展的基础，而教育活动的有序开展则是促进良好师幼互动的关键。

（六）巧妙变换提问方式

《纲要》提出，教学活动的目标是让每位幼儿进行有价值的探究活动，促进幼儿获得课程内容的感性经验，使他们对教学活动产生兴趣，促进幼儿智力的发展，锻炼和发展幼儿的思维能力。一个好问题，能激发幼儿强烈的探究欲望，尤其借助文学作品这一载体，能够更好地激发幼儿探究的兴趣。幼儿文学作品有它自身的特性，多图少字、语言押韵、朗朗上口、故事丰富等，这些都符合幼儿的年龄特征，因此深受幼儿喜爱。教师如果能够随机应变，巧妙变换提问方式，不但能够引导幼儿积极主动地思考，在更深层次上理解文学作品的内涵，而且能够有效推动良性师幼互动的发展。

北京市大兴区旧宫镇第一中心幼儿园　韩玲

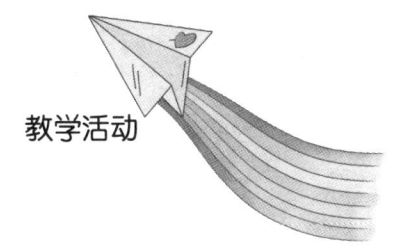

教学活动

☀ 创新教学，让幼儿快乐阅读

案例描述

在中班阅读活动"水果屋里的毛毛虫"中，教师先讲述故事内容，接着提问，"毛毛虫什么时候吃了什么样的水果？"

幼儿举手回答："星期一吃了一颗小葡萄；星期二吃了两个小草莓……"

教师根据幼儿的回答，将字卡"星期一"至"星期五"贴在黑板上，然后让幼儿来认识这些汉字，并带领幼儿读一读。

等幼儿会读这些字了，教师打乱顺序请个别幼儿来认字，然而幼儿回答得并不顺利。

于是，教师重复刚才的领读……就这样，幼儿单调地学着认识汉字，阅读活动显得狭隘、单一。

一、背景

阅读是从书面材料中获取信息的过程，通过阅读，幼儿可以在一定程度上获取对书面语言的认知。获得书面语言的意识、行为和初步能力，是幼儿前阅读能力的培养目标。《指南》指出，提供丰富、适宜的低幼读物，经常和幼儿一起看图书、讲故事，有利于丰富其语言表达能力，培养良好的阅读兴趣和习惯，进一步拓展学习经验。幼儿的阅读内容经历了从图像到文字的发展过程，所以，我们不能违背幼儿阅读发展的基本规律。我们反对机械记忆或以识字为目的的阅读教学，提倡在生活情景、游戏、图画等活动中引导幼儿自然而然地对阅读产生兴趣，并乐于感受、理解和运用字词进行交流。

陶行知先生说:"处处是创造之地,天天是创造之时,人人是创造之人。"在阅读教学实践研究中,我们可以积极尝试在教学形式、教学方法以及教具三方面的创新,帮助幼儿多角度、多方位地获得阅读经验,真正实现幼儿多维阅读,快乐阅读。

二、措施

(一)教学形式丰富适宜,创设温馨阅读天地

孔子曾说过:"知之者不如好之者,好之者不如乐之者。"激发幼儿阅读的兴趣,把阅读活动建立在幼儿的兴趣上,并以多样的阅读教学方式指导幼儿阅读是十分必要的。

1. 猜测式阅读,激发兴趣

在幼儿阅读前,教师可先提出问题,让幼儿边阅读边寻找答案,让幼儿学会有意识、有目标地进行阅读。例如,在欣赏故事《谁的肚脐》活动中,教师可以先出示宝宝肚脐的图片请幼儿猜一猜是什么。在幼儿纷纷提出自己的看法后,再将完整的宝宝图片显示出来揭晓答案,并抛出问题:"还有谁有肚脐呢?"设置悬念让幼儿猜想,与此同时再引导幼儿阅读故事,幼儿往往迫不及待地打开书本仔细阅读,其主动性和积极性被充分调动起来。教师也可以根据故事内容为幼儿设计自制布书,先为幼儿呈现局部,翻过一页后再揭晓答案,幼儿有了猜的过程,在猜一猜、问一问、翻一翻中,觉得十分有趣,阅读兴趣就会高涨,从中获得成功的阅读体验。

2. 操作式阅读,提高能力

为使幼儿获得与年龄段相应的阅读能力,教师除了引导幼儿提高阅读热情外,还须根据幼儿的年龄特点开展一些丰富多彩的阅读活动,帮助他们掌握一些必要的阅读技能。制作图书、排图讲述等操作式阅读可以帮助幼儿提高阅读能力。如排图讲述,幼儿要先将教师提供的无序图片排成一定的序列,然后再进行讲述。通过看→想→排→讲的过程,引导幼儿懂得运用观察的方法,使幼儿的分析、判断、推理能力得到发展。

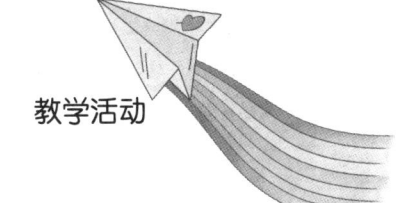

3. 情境式阅读，身临其境

情境的创设在阅读过程中起着不可忽视的作用，一个良好的阅读情境会给幼儿带来激情，使其投入到作品阅读中，感受作品传达的意境美。多媒体课件可使幼儿置身于一种五彩斑斓、声像同步、动静结合的教学情境中，把幼儿的注意力彻底吸引到阅读上。如在阅读故事《苹果树》活动中，教师根据故事情节制作了多媒体课件，创设了一个小乌龟背着苹果树到爷爷家串门的情境，温馨、柔和的背景音乐与丰富的画面一下子吸引了幼儿的注意。幼儿聚精会神地听着故事，看着小乌龟一边走一边发现苹果树的神奇变化。不知不觉就学会了充满诗意的句子："爬呀，爬呀，怎么有花瓣掉下来？原来，苹果树开花了。爬呀，爬呀，怎么越来越重？原来，苹果树开始结果了……"幼儿在感受作品语言美的同时也理解了小乌龟关爱爷爷的情感。

（二）教学方法灵活多变，引领奇妙想象空间

阅读教学活动既是科学又是艺术，它应该是科学和艺术的完美结合。教学过程就是教师通过自身的形象和灵活多变的教学方法，以达到最佳教学效果的过程，这一过程的起点是激发幼儿的学习兴趣。

1. 开放提问，展开想象

陶行知先生告诉我们：幼儿的思维往往是从问题开始的。巧设提问可以激发幼儿的兴趣，调动幼儿想说的积极性。这就要求阅读教学中的提问要讲究开放性、启发性。教学过程中的提问要把握幼儿感兴趣的话题引导幼儿展开讨论，让幼儿运用符合他们思维特点的表达方式表达自己的感受、意愿、思想。如提问"你喜欢故事中的谁？为什么？""如果是你，你会说些什么？可能怎么做？"等问题，答案不要局限于故事原文，鼓励幼儿多发表自己的见解。开放性提问，能使幼儿学会多种疑问方式，从多种角度了解事物。

2. 音乐渲染，营造意境

借助于音乐，把音乐融入幼儿的阅读教学活动，具有特殊的作用，可获得理想的教学效果。因为音乐作为一种抒情功能极强的艺术形式，具有让人身心愉悦的功能，其中蕴藏着丰富的情感，极易激发幼儿的情感共鸣和表达

意愿。通过音乐与阅读的互相渗透、有机结合，发挥音乐的感染力和鼓舞性及激发幼儿表达、表现意愿的作用，可使幼儿更充分地认知、理解、表达和交流，从而促进其阅读能力的提高。如《逃家小兔》是一则关于爱的故事，在欣赏故事时，可以选择小提琴独奏曲作为背景音乐，与故事巧妙融合，营造一种温馨的氛围，增进幼儿对故事的理解及其情绪、情感的体验，促使幼儿在阅读活动中更加投入，充分表达自己对故事的理解与感受，提高阅读教学活动的有效性。

3. 趣味游戏，体验乐趣

幼儿的基本活动是游戏，而游戏又是幼儿身心健康发展的需要，在幼儿园众多活动中，游戏总是贯穿其中，使各项教学活动丰富多彩，意义深刻。把阅读内容加入游戏中，让幼儿的游戏内容变得更为丰富，能够调动幼儿边说边表演的热情。同时幼儿在游戏中对阅读内容进行了再次的巩固，加深了对作品的理解，实现了阅读与游戏的有效融合，也让幼儿在游戏中感受到了阅读的快乐！

4. 肢体表演，展示自我

在阅读教学活动中，教师可以引导幼儿挑选自己喜欢的角色进行肢体表演，学说角色间的对话，在表演中加深对阅读内容的理解。例如，在阅读活动"床底下"中，教师设计了自制的互动布艺画面，幼儿自由阅读画面大胆讲述自己的发现。在这个过程中，幼儿观察画面、分享合作阅读等能力得到了不同程度的提升。紧接着，教师为幼儿提供了一个拓展思维的机会，鼓励他们通过回忆画面内容大胆表达自己的意见和想法，并尝试将画面中动物的动作、表情等表演出来。幼儿的语言表达、肢体表演、想象仿编等能力通过活动得到了充分发展，有利于他们形成良好的阅读习惯。活动中，幼儿的多种潜能得到有效激发和培养，有利于实现幼儿多维阅读。

（三）学具创新独特，营造愉悦游戏乐园

学具的使用是教师在教学活动中采取的一种教学手段，它包括教师运用的学具和幼儿操作活动的具体材料。学具运用得当可有效帮助幼儿理解、记忆、思考，充分调动幼儿学习的主动性，实现教育教学目标。恰当的学具在阅读教学活动中能够产生画龙点睛的效果，使幼儿在玩儿的过程中，观察力、专注力、想象力和思维能力等多种能力都得到发展。

1. 精心设计自制学具，让幼儿爱不释手

在阅读教学活动中，为了使幼儿具体地、有效地、有趣味地学习，教师可以根据具体的教育教学需要及时设计合适的学具，让其在阅读教学活动中产生画龙点睛的效果。

例如，在"绿色的世界"活动中，教师用卡纸制作眼镜框，用透明胶片涂上各种颜色。幼儿戴上各种颜色的眼镜，眼前呈现出绿色的世界、黄色的世界、红色的世界等，幼儿在这个过程中感知到变色活动的乐趣。在这种创新学具的激发下，幼儿的阅读兴趣更高了，仿编故事的意愿更强烈了，且仿编故事的内容十分丰富，产生了意想不到的教学效果。

需要注意的是，设计学具要从幼儿的角度出发，要有可操作性、趣味性等，有利于幼儿的全面发展。

2. "魔术"融入教学，带给幼儿神奇体验

变魔术对幼儿来说非常有吸引力，如在"小蜡笔魔术师"活动中，教师根据儿歌内容设计制作了一个魔术箱。在幼儿面前，魔术箱好像法宝一样，让孩子们觉得非常神奇。在游戏中，幼儿不知不觉学会了儿歌，将很多与儿歌中颜色匹配的事物仿编到儿歌中，使儿歌的内容更加丰富多彩。

江苏省无锡市杨市中心幼儿园　梁晓玲

玩转语言区,提高幼儿语言能力

案例描述

今天,教师在"语言区"投放了新的活动材料——看图讲故事。游戏规则是:首先看几张图片,动一动脑筋想一想这些图片应该怎么排列才符合故事发展脉络,然后动手排一排并将它们贴在立体板上,最后用小手指着图片一幅一幅地讲述,把几个情境串联成一个完整的故事。在添置活动材料和讲解游戏规则之后,教师以《龟兔赛跑》的故事进行示范。

文文选了曾经学习过的故事《小老鼠和大老虎》,可是在贴好图片之后他并没有讲述故事,而是又挑了一组故事图片准备贴在旁边的一块板上。教师提示他:"文文,先把《小老鼠和大老虎》的故事讲一下再进行别的故事吧!"

文文小声说:"老师,我不会……"

"那我们一起来讲吧。"

在整个游戏过程中,文文在教师的引导下虽然可以尝试着边指图片边说故事内容,但表现得十分紧张,且注意力不集中,总想离开……

一、背景

乌申斯基曾说:"语言是智力发展的基础,也是所有知识的宝库。"语言是交流和思维的工具,幼儿期是语言发展最迅速的时期。越来越多的教师意识到,光靠集体教学和日常生活的交往发展幼儿语言能力是远远不够的,而教学活动时间有限,并不能顾及到每一名幼儿,幼儿可以自由发挥的时间

有限。为了弥补这一缺憾,教师可以尝试在班级内创设语言游戏区域,让幼儿在游戏中自由、自主、愉悦、创新。

二、措施

(一)创设环境,为幼儿搭建"自由说"的平台

《指南》中明确指出,教师应为幼儿创造一个自由、宽松的语言交往环境,鼓励和支持幼儿与教师、同伴或其他人交流。因此,教师要为幼儿创设一个宽松、自由的语言环境,为幼儿搭建"自由说"的平台,让幼儿敢说、想说、爱说。教师可以在语言区放置书架、书袋,投放大量适合各年龄段幼儿阅读的读物,鼓励幼儿在来园后、自由活动、吃点心后、离园前等自由活动时间,到语言区进行自由阅读。幼儿在阅读的过程中可以接触到文学性语言,感受文学的魅力,在丰富词汇、扩展对词义的理解的基础上提升语言运用的能力,弥补日常交流和集体活动中的缺憾。

教师也可以根据幼儿语言能力的发展,逐渐投放新的游戏材料,如手偶、头饰、服装、道具等,让幼儿在理解故事内容的基础上进行舞台表演,更好地理解故事内涵。

(二)激发兴趣,为幼儿提供"自主说"的机会

故事书和绘本是幼儿书面阅读的主要材料。幼儿园大部分幼儿尚不识字,看图讲述活动是他们发现语言、学习语言、倾听语言、运用语言的一种有效途径。幼儿根据画面提供的信息,结合自身的语言和生活经验,讲述故事的发生、经过与结果,在讲述的过程中,不知不觉提升了自身的语言表达能力。如在游戏"拔萝卜"中,教师提供了无字图片,并打乱顺序让幼儿观察,引导幼儿思考这些图片应该怎么排列才符合故事的发展,或者引导幼儿观察"拔萝卜"人物出场的顺序,然后动手排一排并将它们贴在立体板上,最后用手指着图片一幅一幅地讲述,把几个情境串联成一个完整的故事,也允许幼儿在任何一个环节加入自己的想象和创作。除此之外,教师要发挥"小老师"的作用,鼓励幼儿在课堂教学中,将平时自己看到和听到的小故事在教室里

讲给同伴听，促使幼儿自主讲述故事。

在区域游戏中，幼儿可以自由地想、说、做、玩。但这并不代表教师对幼儿可以放任自流，它需要教师恰当的指导与适时的引导，这将直接影响幼儿游戏的质量。因此，教师要从不同角度引导幼儿愉悦地讲述，充分调动幼儿说话的主动性、积极性，以此来发展幼儿的语言表达能力。

随着幼儿语言能力的不断发展，他们对于新的故事总是格外地感兴趣。在平时生活、餐后活动中我们也时常给幼儿讲故事，但在讲述过程中我们不要急着把故事讲下去，对于故事情节的发展给予幼儿充分的想象空间，并对他们的每个回答作出回应，以培养幼儿的观察能力、思维能力和表达能力。

（三）发散思维，发展幼儿"创新说"的能力

心理学家皮亚杰强调："儿童只有自发地、具体地参与各种实际活动，大胆形成自己的假设，并努力去证实，才能获得真实的知识。"为了进一步提高幼儿的语言表达能力，可以引导幼儿多看、多听、多说、多练，全方位提高他们的语言表达能力。

1. 有趣的故事编一编

在创编故事的时候，教师可以引导幼儿仔细观察图片的画面细节，根据图片提供的线索推测人物或事物之间存在的因果关系，并借助这些因果关系进行推理分析，猜测人物或事物之间的必然联系，引导幼儿尝试将图片的内容串联起来。教师也可以创设一个场景，为幼儿提供一组系列图片，教师指定某张图片为故事的开始或结果，鼓励幼儿发挥想象力，创编出一个个有趣的故事；同样是这几张图片，教师可以指定另一张图片为故事的开始，让幼儿再次根据新的要求讲述不同的内容；就同一张图片，教师可以引导幼儿观察并理解图片中隐藏的信息，从不同的角度进行思考，创造性地讲述故事内容。

2. "小剧场"活动演一演

幼儿具有戏剧天性，他们天生是编剧、演员、导演的结合体。教师可以在语言游戏区中创设一个"小剧场"，从幼儿的年龄特点、兴趣爱好、生活经验出发，与幼儿共同收集材料、布置场景、制作道具。在表演的过程中，幼儿会根据自己对作品的理解，运用已有的知识经验进行表演，教师应给予幼儿更多的权限，放手让幼儿自己去演，必要时运用多种方式加以引导，鼓励幼儿大胆、合理地创新。在教师的鼓励和同伴的群策群力下，通过"小剧场"游戏，不仅能促进幼儿语言表达能力的发展，还促进了幼儿的动作表现能力、交往能力、创造能力以及情感的发展。

（四）家园合作，促进幼儿语言表达能力再提高

教育从来就不是一个人的事，它需要教师、家长彼此之间积极的配合。因此，教师应充分挖掘、发挥家长的力量，通过家长会、家长开放日以及家校通等形式向家长介绍从小培养幼儿语言表达能力的重要性，使家庭教育和幼儿园教育形成合力。教师还可以鼓励家长在家中为幼儿创设一个适合阅读的小书柜，引导幼儿在家也可以与文学作品有一个良好的接触机会，家园合作共同促进幼儿语言表达能力再提高。

江苏省常熟市徐市幼儿园　谢丽亚

操作材料让数学变得有趣

案例描述

在"找规律"活动中,教师让幼儿观察所提供毛毛虫身上的不同颜色,第一次颜色为"红黄蓝——红黄蓝",第二次颜色为"黄红蓝——黄红蓝",第三次颜色为"蓝红黄——蓝红黄"等。当幼儿们发现规律后,再给每个幼儿发一个毛毛虫色板,让他们选择自己喜欢的颜色有规律地给毛毛虫涂色。但在操作实践中,有些幼儿并不满足这三种颜色,于是出现了乱找颜色的情况,甚至还有幼儿跑到美工区借颜料……

在小结环节,教师引导幼儿说出自己发现的规律,但不少幼儿却只对颜色感兴趣,对于活动中潜藏的数学规律并不上心。

一、背景

适宜幼儿园幼儿操作的材料能够促进幼儿主动活动,将枯燥抽象的数学知识生动地呈现出来,使幼儿更好地感知数学,对数学产生兴趣。《指南》指出,幼儿的思维特点是以具体形象思维为主,应注重引导幼儿通过直接感知、亲身体验和实际操作进行科学学习。因此,在数学教学中必须强调让幼儿亲手操作材料,在实际的操作中探索和学习,获得有关数学概念的感性经验。教师应激发幼儿参与数学操作的兴趣,提高数学操作的时效性,让每个幼儿都能在自己原有的基础上提高数学认知能力。

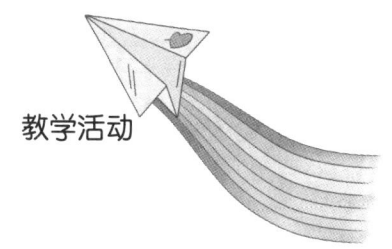

二、措施

（一）提供丰富的操作材料，设置教学活动游戏

操作性的数学游戏是让幼儿通过操作玩具或实物材料，按照游戏规则进行的一种教学活动。如果让幼儿在数学活动中每人都有一份操作学具，不仅能使每名幼儿获得练习的机会，更重要的是能够利用操作活动学习数学，提高幼儿的学习兴趣，有利于发展幼儿的逻辑思维能力、创造力、观察力、判断推理能力等。因此，在数学的学习活动中，要为幼儿提供丰富多彩、生动有趣的操作材料，充分激发幼儿操作的愿望和兴趣。教师要根据幼儿的学习特点，有目的地创造和提供相应的数学活动材料，让幼儿在玩中学数学，在操作中亲近数学、发现数学的奥妙。如，大班幼儿创编5以内的加法时，教师将幼儿分成了4组，向每组提供不同的材料，让幼儿分工合作。另外，教师又提供了一张画面内容丰富的挂图、小组摇铃、抢答创编应用题，比赛哪组获得的果实多。对幼儿来说，当幼儿们能在玩儿中动手、动脑、动口，运用多种感官参与到活动中，他们就会感到学习活动是非常有趣的。

《指南》中提到，要通过实物操作引导幼儿理解数与数之间的关系，并用"加"或"减"的办法来解决问题。支持和引发幼儿对材料的相互作用，发现和构建数学知识，建立对数学知识的概念，体验到数学的必要性和趣味性。日常活动中，日常废旧材料也可以成为幼儿们的数学操作材料，如饮料瓶瓶盖、雪糕棍、药瓶子、碳素笔笔芯、用完的胶棒、没水的水彩笔……这些材料的使用便于幼儿尝试、探索、发现问题，能够成为幼儿探究的有力工具。

（二）利用操作材料创设情景游戏，激发幼儿学习数学的兴趣

《纲要》指出，让幼儿在情境中学习，在探索中学习。一个新颖的、有情节的、可变化的操作活动，能引起幼儿的注意和兴趣。动手操作是一个独立学习的活动，这种活动能充分调动幼儿学习的主动性和学习的乐趣，他们自己解决问题，完成任务会得到成功感和自豪感。数学教学中，创设一些贴近幼儿生活经验的情景，围绕目标与情景开展教学，能够容易激发幼儿参与

数学活动的兴趣。如幼儿们喜欢动物，对动物比较熟知，在开展一一配对游戏活动中。教师创设了"小动物的食物"环节，提供了一些动物的卡片和食物的图案，让幼儿寻找动物喜欢的食物，如熊猫喜欢竹子、猴子爱吃香蕉、小猫最爱小鱼……这样的形式很快吸引了幼儿的注意力。后面教师增加难度，创设了"我的身体"环节，请幼儿在教师提供的图片中找到动物的头和身子，拼出完整的动物。又如，在学习5的分解时，教师创设了"小鸡吃虫子"的情景，还准备了一些头饰，并在活动室布置一些草坪、栅栏。由一名幼儿扮演"小鸡"，五名幼儿扮演"虫子"。当五只"虫子"在草地上散步时，听到"小鸡"的叫声就要跑到栅栏两侧，这样就不会被小鸡吃掉。游戏规定每次跑到栅栏两侧的"虫子"数目不能跟上一次一样，否则所有"虫子"都要被"小鸡"吃掉，教师负责记录每次跑到栅栏两侧的"虫子"的数目。比如，游戏中已经记录过2和3，如果下一次还是跑成2和3的话，五只"虫子"就要被"小鸡"吃掉。就是在这样的游戏中让幼儿学习对5的分解，将感性认识上升为理性认识，既是幼儿初步对数学概念形成的过程，也是幼儿思维能力获得发展的过程。

（三）形式多样的区角游戏材料，促进幼儿全面发展

操作是幼儿早期数学学习的主要方式之一，但是光靠活动中的操作是不够的，仅仅巩固、练习、强化的操作满足不了幼儿获取知识的欲望。区角游戏作为一种开放性、低结构的活动样式，补充了幼儿对数数、对应、单位、估算、空间认知等多方面的经验。区角游戏利用游戏形式创设环境，提供材料，能够促使幼儿按照自己的意愿和能力在与材料的互动中进行个别化、自主化学习。如我们班级的墙壁上挂有时钟和相应的作息时间，一天早上，幼儿们刚刚入园，我听见天天和可可说："你看这个长针比短针转得快。"

可可告诉天天："长的是分针，短的是时针。"

旁边的贝贝抢着说："我知道现在几点了。"

"我也知道。"幼儿们陆续进来，纷纷抢话。

"我会写时间。"

"我会画钟表。"

于是，可可提议："那咱们比比谁画得好。"

就这样，这个区角一下子热闹起来了，幼儿们纷纷拿出笔和纸比起赛来。

自从我教过幼儿们认识时间后，幼儿们的兴趣更高了，每天早上入园会有一部分幼儿来到数学区，播出入园时间、活动时间、课间操时间、午餐时间、睡觉时间、离园时间，他们还会相互讨论，纠正对方的错误。

获取数学知识并不局限于特定的区角，在任意的区角中都可以完成对数的认知。如在超市中，售货员要学会给物品分类，收银员要给顾客购买的物品算账；在动物的家中，幼儿要认识楼号、单元和门号才能将动物送回家；在体育游戏打保龄球时，幼儿们要将瓶子摆成四排，第一排1个瓶子、第二排2个瓶子、第三排3个瓶子、第四排4个瓶子；在套圈游戏中，幼儿要在不同数字的旗杆上套上相应数目的橡胶圈；在玩跳格子时，要按照扔到色子的数目跳到不同的格子上，还要按照格子上提示的进退步数走到相应的数字格上等。任何区角都渗透着数学知识，每个操作材料都可以成为幼儿操作的好材料。

《纲要》总则明确指出，幼儿园应为幼儿提供健康、丰富的生活和活动的环境，满足他们多方面的需要，以游戏为基本活动，寓教育于各项活动之中，促进每个幼儿富有个性的发展。幼儿园区角活动就是在一定的环境中，幼儿根据自己的兴趣和需要，以快乐和满足为目的，自主开展、自由选择、自主交流的活动。

（四）日常生活中的教学材料，培养幼儿的数学运用能力

我国著名儿童教育家陈鹤琴先生说过："大自然、大社会都是活教材。"《指南》也提出，支持幼儿在接触自然、生活事物和现象中积累有意的直接经验和感性认识。引导幼儿感知和体会生活中很多地方都用到数，关注周围与自己生活密切相关的数的信息，体会数可以代表不同的意义。在幼儿园日常生活中，散步、饮水、进餐等活动，蕴含着许多数学内容，只要做个有心人，就能在生活中找到无处不在的数学素材。我们可以让幼儿数一数家里有多少人、需要多少双筷子；可以让幼儿认知挂历，知道年、月、日、星期，或在幼儿园引导幼儿知道入园、进餐、午休、离园的具体时间；也可以让幼儿发现和感受按颜色间隔排列的瓷砖的规律等，在这种生活化材料的认知或操作中，幼儿亲身体验到学习数学是自然、轻松和有趣的。利用活生生的生活素材，引导幼儿在有意无意间感受生活中的数学信息，能够消除幼儿对数学的陌生感，为幼儿学数学积累丰富的感性经验，奠定数学学习的基础。

数学操作让幼儿在与材料的互动中，自主、独立、愉快地体验了数学概念，探索数学运算的规律，获得了数学认知的技能。我们应该抓住任何教育时机，让幼儿在探索中学习，在学习中探索，使幼儿真正爱上数学。

黑龙江省虎林市八五六农场幼儿园　何峰莉

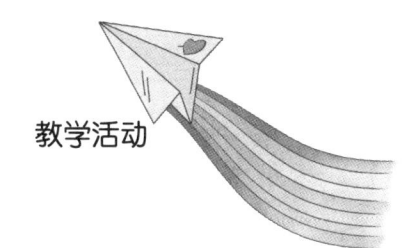

教学活动

废旧物品助力创意美术

案例描述

又到了幼儿喜爱的"创意美术活动"时间了。他们明亮的眼睛里充满期盼，都在悄悄猜测教师会带来什么材料。看到教师拿出一筐一次性的小勺、叉子、筷子，幼儿疑惑了，不禁问："老师，我们要玩儿聚餐的游戏吗？"

"不是的，我们要用这些材料进行手工创作。"

听后，幼儿们跃跃欲试。

但是在创作过程中由于材料所限，导致不少幼儿找教师要纸杯、彩笔、瓶子等。

教师鼓励大家用现有的材料进行创意制作。

昊昊试图把材料粘贴固定在一起，但是没有胶水，导致一放手材料就散开，于是模仿旁边的依依制作小花。依依看到了，不高兴地说："你别做得跟我一样。"

昊昊听了，干脆不做了，坐着发呆。

一、背景

《纲要》明确指出，教师应鼓励幼儿利用身边的物品开展制作活动，美化自己的生活环境。鼓励幼儿利用环保物品和自然材料进行探索活动，鼓励幼儿自由选择并正确使用材料，进行大胆表现，制作自己感兴趣的物体。

以废旧物品为材料，开展创意美术活动，这种"变废为宝"的手工制作活动，既能促进幼儿对美的感受力、表现力和创造力的提升，又拓展了美术教学空间，还美化了生活。在创意美术教学中，教师可以运用多种有效的指导策略，激发幼儿的创作灵感和创作潜能，增加幼儿对美好艺术情感的体验。同时引导幼儿树立珍爱资源、绿色低碳的环保意识。

二、措施

（一）借助丰富多样的废旧材料，激发无限的创作灵感

1. 观察欣赏、借物想象

生活中有许多废旧物品，如旧茶具、树枝、泡沫盒、废彩笔等，具有直观、形象、易收集的特点，都能有效地引发幼儿借物想象，进而动手创造出风格各异的美术作品。幼儿对同一件物品的观察和理解各不相同，在借物想象的过程中，幼儿会打破思维定式，从不同的方向和角度去思考创作，按照自己的感官和感受制作或组装，教师只要支持幼儿富有个性和创造性的表达即可，他们的创意是无限的。

2. 确立主题、发挥潜能

开展主题背景下的创意美术活动，能更好地挖掘幼儿的创作潜能。即在一定时间内，相对集中地学习一个主题的内容，这样幼儿更容易接受、掌握。例如，在开展动物主题的活动中，幼儿对鸟儿非常感兴趣，他们聚在一起畅想美好的画面：鸟儿在绿色的大树间飞舞唱歌，小朋友们在树林间欢笑奔跑，和鸟儿们一起嬉戏，成为彼此心中的好朋友。经过商议，大家决定用纸筒和彩色卡纸制作可爱的鸟儿，用牛皮纸做大树的树干，用绿色的皱纹纸条搓成绳围成心形的树冠，以撕贴画的形式绘制小人。然后，大家根据自己的兴趣和能力水平，在分筐、分层有序摆放的各种材料和工具中，自由选择相应的物品，制作不同的景、物，最后进行组合构图。这种主题背景下的创意美术活动，给幼儿施展想象提供了广阔的空间，促使其创造潜能得到了充分发挥！

3. 立足需要、自发创作

在幼儿园日常工作中，环境创设、区域游戏材料等时常需要更新。教师

可以带领幼儿将废旧物品的创意制作融入其中，有机结合。例如，表演区的服装不够，可以提供旧衬衫，让幼儿绘制、装饰成美丽的演出服，也可以利用旧挂历、购物袋等自己制作特色服饰；烘焙坊的"蛋糕"太少，幼儿可以利用各种海绵、小纸盒、纸杯、包装袋等自制蛋糕。在幼儿内在需求的基础上开展美术创作活动，幼儿完全处于自主、积极探索的状态，能有效地推动他们去观察、探索周围的事物，自发产生创作的意愿。

（二）以有效的指导策略，开展丰富的废旧物品创意美术制作

在创意制作中，幼儿有时会有很多好的设计创意，也能迅速找到合适的制作材料，但在操作过程中，有些幼儿的创作热情稍纵即逝，或者是半途而废。这就需要教师及时有效地进行指导和帮助。

在充分了解幼儿操作水平能力的同时，要及时发现其在制作过程中的技能障碍，搭桥引路，帮助幼儿掌握多种美术技能技巧。

平时收集、积累的各种废旧材料，种类繁多，大小、色彩各异。在投放时，要抓住幼儿的兴趣点，有层次呈现、满足不同发展水平幼儿探索性学习和创造的需要，多提供丰富可变化的、开放性的、富有创造空间的材料，激发幼儿创意制作的兴趣，培养、提高他们的美术综合技能。

创意美术中的废旧物品再创作，有很强的形象性和趣味性，这些深受幼儿的喜爱。幼儿在涂涂画画、撕撕缠缠、拆拆装装、剪剪贴贴等操作过程中，伴随着积极的思维活动。教师要鼓励幼儿自主选择材料，独立操作，探索尝试解决难题。为幼儿创设温馨愉悦的创作环境，使幼儿在没有压力的状态下，充满自信、自由自主地进行创作。

对于心灵手巧、有创意的幼儿，教师要赞赏他们的与众不同，激励他们发散思维，思考新的创意。教师还可以按照强弱搭配、协调互助的原则，以分组或集体合作等形式，调动幼儿动手动脑、参与创作的积极性，使幼儿在特定氛围中，在集体影响下，调动自己的潜能进行创作。教师要注意不能以成人的标准评价幼儿作品，要以饱满的热情分享大家的创作，使幼儿在活动中真正感受到快乐。

（三）引发美化生活的情感体验，树立绿色低碳的环保意识

以废旧物品助力创意美术活动，既能促进幼儿对美的感受力、表现力和创造力的提升，又拓展了美术教学空间，还美化了生活，同时还可引导幼儿树立节约资源、绿色低碳的环保意识，影响和带动家庭的环保行为，实现有限资源的循环利用。如在"重阳节""教师节"等节庆日，幼儿利用废旧物品制作祝福贺卡，令老人、师长感受幸福快乐的同时，他们也学会了节俭与环保。又如，把生活中的各种"废品"，通过心灵手巧的设计与再创作，制作成个性独特的饰物来美化生活：空酒瓶可以变身为"长劲鹿"；旧羽毛球可以变身为"芭蕾舞演员"；树枝可以变身为唯美的画框；锡纸可以变身为有趣的面具；纸箱可以变身为游戏用的汽车等，这些创意作品源于生活，高于生活，体现了幼儿的聪明智慧。

废旧材料的再利用，已成为大家的共识。幼儿可以发挥辐射、带动作用，让更多的人、家庭加入环保队伍，保护、改善我们的生存环境。可见，以废旧物品助力创意美术，可以在许多方面产生意想不到的良好效果，产生深远的影响。

山东省济南市二机床集团有限公司幼儿园　张蒨

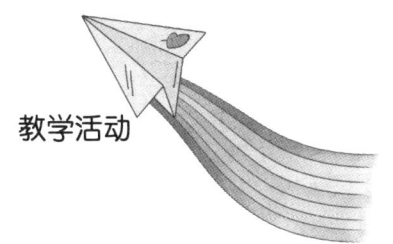

教学活动

四借材料法激发幼儿美术创造力

案例描述

某次美术活动的内容是画各种各样的围巾，作画前教师请幼儿说一说自己想画的围巾图案，幼儿都很积极地讲述自己想画的形状，可是许多幼儿画出来的效果和说的相差甚远，甚至有些幼儿说得出却画不出。还有一次建立在主题背景《甜甜蜜蜜》下开展的美术活动"好吃的糖果"，整个活动教师都以说教的方式展开，在幼儿作画前教师先做了示范，告诉幼儿糖果可以由一个圆形和两个三角形组成，幼儿的作画过程基本都是按照教师的示范进行，导致作品大同小异，毫无创意。

一、背景

《纲要》指出，提供自由表现的机会，鼓励幼儿用不同艺术形式大胆地表达自己的情感、理解和想象，尊重每个幼儿的想法和创造，肯定和接纳他们独特的审美感受和表现方式，分享他们创造的快乐。因此，教师在美术活动中既要把握幼儿的年龄特点，还要根据他们的兴趣点和个性特点投放适当的美术材料，给予一定的空间，让幼儿在玩儿材料的过程中，感受美术活动的乐趣，激发幼儿的美术创造能力。

并不是所有的材料都适合小班幼儿，教师要根据幼儿的实际情况和能力以及材料特质进行筛选，选择适合他们的材料。

（一）安全性

《纲要》指出，教师应该把保护幼儿的生命和促进幼儿的健康放在教育工作的首要位置。所以材料的安全是关键，必须在保证幼儿安全的前提下，才能有效地开展活动，比如在使用一些玻璃碎片、铁片等材料前，教师应该进行检查和思考是否会对幼儿的身体造成一定的伤害。

（二）普遍性

在收集的过程中不免会收到一些比较昂贵、特殊或是难收集到的材料，这些材料对于幼儿来说具有单独性不具有普遍性。像甲鱼壳这种材料，在集体活动中无法做到幼儿人手一个，是不利于在美术活动中投放使用的，所以教师要有一定的调整和筛选，尽可能投放比较普遍且常见的材料。

（三）可操作性

幼儿的想象离不开实践，实践与材料无法分离，所以材料的操作性是十分重要的。很多教师在材料的选择中都会利用具有华丽外表的材料来吸引幼儿的眼球，以激发他们的兴趣，从而忽视了可操作性，导致幼儿的能力在活动中没有得到很好的发展。

（四）适宜性

任何材料都有它的价值，但并不是任何价值都适合幼儿，所以在活动中材料的适宜性也是相当重要的。教师要清楚幼儿的年龄特点以及当下幼儿的发展能力，因为材料的提供是为了促进幼儿能力的发展。

二、措施

（一）"四借材料法"的实践操作

对于小班幼儿来说，喜欢涂涂画画、粘粘贴贴并乐在其中，但是他们的思维缺乏稳定性，在纸的任何地方都能随意涂鸦，且涂鸦的符号缺乏联系，各自独立，作品显得杂乱。同时他们喜欢摆弄新奇、易操作的工具和材料，乐意尝试运用各种绘画材料，已不满足于单一的绘画工具，对新奇的表现手法充满兴趣。

"四借材料法"是借用材料特征，采用不同的方法来开展的美术活动。

它主要包括借体欣赏、借点发挥、借形想象、借质创造。充分利用材料这个载体，帮助幼儿建立"玩"美术的氛围，让幼儿在这个过程中充分与材料进行玩耍，找到美术活动的乐趣。

1. 借体欣赏

小班的幼儿喜欢简单的、色彩鲜艳的美术作品，他们更爱关注能真实地再现他们生活中较为熟悉的物品，或自己比较容易理解的内容。所以借体欣赏的作品所要呈现的材料要色彩明亮、外形明显、主体突出，不能太复杂，反映的内容要是幼儿所熟悉的物体。借体欣赏方式可以引导幼儿充分感受材料的各种特点，同时让幼儿喜欢欣赏美术作品，对欣赏活动感兴趣。

2. 借点发挥

借点发挥的重点是从材料的特点出发，以材料的某些特点为载体进行活动。

（1）将材料作为工具

在美术活动中，很多材料对于小班幼儿来说是工具，它的技能有可能是单一简单的，但是幼儿所表达的内容却是完全不同的。如毛线拖画，在活动的过程中我们将毛线作为工具，幼儿的技能就是拖画，但幼儿对于自己作品的表达却截然不同，有幼儿说"我拖出了火车的轨道"，有幼儿说"我的是一条弯弯的马路"，还有幼儿说"我的是一座小桥"等，这些都是幼儿美术想象能力的萌芽。

（2）将材料作为内容

将材料作为内容开展的美术活动在小班美术活动中比较普遍，一般我们会选择一些贴近幼儿生活，且外形比较有趣的材料来开展。如在"秋天的树叶"美术活动中，我们选择的材料就是活动的内容——树叶，这样幼儿能直截了当地了解树叶的外形，并通过拓印的方式，进一步感知树叶的外形以及树叶叶脉的形状。

（3）将材料作为表达方式

将材料作为表达方式，就是运用材料本身所具有的功能、功效来开展的美术活动，这个是建立在幼儿生活经验的基础上的，让幼儿了解生活中的材料是可以运用到美术活动中的。通过这样的多元表达，拓展了幼儿对美术狭隘的理解。例如，喷壶的功用特点是喷，它能帮助幼儿改善小肌肉尚没发育成熟所带来的问题，幼儿在喷画过程中只需轻轻动几下手指头，便会创作出一幅作品，不仅让幼儿体验到成功的快乐，也增强了幼儿的自信心。又如，刷子本身具有刷的功能，我们可以利用刷子的这个功能开展刷色活动，将幼儿平日里玩儿刷子的本领延续到美术活动中，让他们感受到刷的乐趣。

3. 借形想象

"借形想象"指在开展幼儿美术教育的过程中，让幼儿借助材料的外形，从不同角度激发幼儿的创作兴趣，挖掘他们的创作潜能。如石头、筷子、罐子、瓶盖等材料，都可以作为借形想象的对象。幼儿对材料进行艺术性的选择、改造、组合、添画，变出想象中的事物，使幼儿的好奇心在制作想象的过程中得到充分满足。如"石头大玩家"活动，因为石头的外形各种各样，幼儿根据不同的外形进行设计，所呈现出的造型也是各种各样的。有幼儿觉得石头像树叶，于是在石头上画了叶脉，创作出了树叶的造型；一些圆圆的石头，幼儿觉得像脸蛋或太阳，他们适当运用油画棒、彩纸进行装饰，便创作出了笑脸和太阳等作品。

4. 借质创造

在可用于美术创作的材料中，材料的材质有很大区别，有的柔软、有的坚硬、有的易融于水等，根据材质的不同我们可以创作出很多新东西，玩儿出新花样。如在"各种各样的纸"活动中，教师投放了报纸、彩纸、皱纸等材料，我们可以抓住纸柔软、易融于水这个点，将纸揉成团进行印画活动，也可以将纸与水结合进行泥塑活动，还可以将纸进行撕贴开展拼贴纸艺活动。

（二）"四借材料法"实施过程注意事项

1. 给幼儿一个开放自主的空间

在"四借材料法"美术活动中，教师要为幼儿创造主动想、大胆说、自由做的机会，要让幼儿感受到美术活动环境的开放性，美术活动不是静态的、封闭的。在开放的美术课堂中，幼儿是活动的主人，材料可以自己取拿，教师以真诚喜悦之心去发现、去接纳、去欣赏、去引导他们不断创新，给幼儿的自我表达提供丰富而广阔的天地。不管幼儿创作的作品如何，我们要本着欣赏的眼光去看待幼儿的作品。

2. 多元化的评价

在美术教育活动中，教师的评价方式要考虑到幼儿之间个性、情感、态度、习惯、学习能力等诸多方面的差异，尊重幼儿的差异性，采取多元化的评价方式。小班幼儿年龄小、生活经验不够丰富、能力有限，他们的能力水平也参差不齐，教师在评价时应尽量运用拟人化的语言，选取作品的某个点进行评价，肯定每幅作品中的优点，使幼儿感受到教师和同伴对他的进步的肯定。幼儿的美术作品是幼儿与美术材料相互作用的结果，教师应该将评价的重点放在活动过程中幼儿的各种创意上，不应该过分强调结果。

（三）成效

1. 兴趣的激发

兴趣是指人们积极探究某种事物或进行某种活动的倾向。兴趣是幼儿学习美术的动力，一般来说大多数幼儿对于美术活动都有一定的兴趣，但往往持续时间不长，特别是小班幼儿，他们往往会被美术活动中的一些小困难吓倒，继而失去兴趣。"四借材料法"激发了他们对材料操作的兴趣，让他们乐意去思考这个材料是怎么玩儿的，玩儿的过程中会发生什么有趣的事，最后又会出现什么好玩儿的结果等。

2. 想象的变化

爱因斯坦认为，想象力比知识更重要，因为知识是有限的，而想象力概括着世界上的一切，推动着进步，并且是知识进化的源泉。小班幼儿刚开始在美术活动中的想象往往是建立在自己经验不足的基础上，是对自己感知的东西的补充，是先有作品再有想象。但是通过"四借材料法"，幼儿通过欣赏、感受、操作等途径，累积了一些美术经验，慢慢地能自主开展建立在材料基础上的自由自在、天马行空的想象，勾勒出物体的形象。

3. 色彩的丰富

通过"四借材料法",幼儿有了接触到更多颜色的机会,他们通过自己的观察与欣赏,认识了色彩之间的差别,同时也感受到了不同颜色搭配在一起的不同效果。例如,在一次开展借点发挥活动中,我们将材料作为表达方式的活动,选用的材料是各种大小不一的刷子,并提供了两幢用纸盒制作出的房子,请幼儿为纸房子刷外墙,由于投放的颜料比较多,幼儿们选择了不同的颜料进行粉刷。突然有个幼儿大喊:"我的墙变成紫颜色了。"我一看,原来他用红色刷墙的上半部分,用蓝色刷墙的下半部分,上面的红色流下来碰到了蓝色,红色和蓝色混在一起变成了紫色。

通过观察思考,幼儿发现了色彩的变化,相信在下一次的活动中幼儿对于色彩的运用会更有创意。

4. 对日常生活材料的关注度

"四借材料法"唤起了小班幼儿心灵深处的好奇心,因为我们的材料都是来自于生活,通过一系列的操作使幼儿慢慢地对材料有了一定的"嗅觉",他们会有意识地探索身边的各种材料,并在寻找、发现的过程中体验快乐;同时,"四借材料法"也提高了幼儿在美术活动中的参与性。例如,在一次散步环节中,个别幼儿有意识地将树叶捡起来带回教室,我问幼儿为什么要捡树叶,幼儿回答说:"我看见树叶上有好多纹路,我想等会儿印一印,看是不是和上次蔬菜的那个纹路一样。"

每一次美术活动,对于教师来说都是一个很好的机会,因为在一次次的活动中,幼儿都会暴露出不同的问题。教师作为幼儿的引导者,可以根据自己的观察结合自己的专业知识和技能对幼儿的问题进行分析和梳理,这将有助于下一次在活动中更好地运用"四借材料法",让幼儿的美术创造能力有实质性的发展。当然这中间需要教师不断自觉加强学习、进修专业知识、提升专业技能,进而获得更多有效的活动策略。

浙江省杭州市百合花幼儿园　王蔚骋

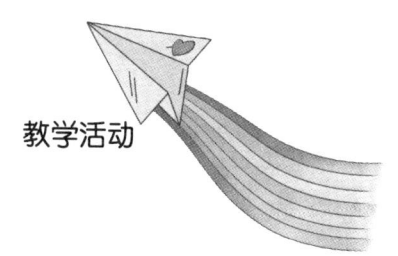

教学活动

分组教学开展幼儿体育活动

案例描述

体育活动时间,幼儿们像往常一样开始集体活动,活动前半段幼儿们还算积极活跃。后面时间,有不少幼儿跑到旁边玩儿起球来。教师把这些幼儿喊回来继续参加下面的集体活动,但没几分钟他们又跑去玩儿球了。

一、背景

幼儿园体育活动组织教学的方法有集体教学和分组教学两种:集体教学,是指全体幼儿根据活动的任务和要求,在教师统一指导下进行活动的组织形式。这种组织形式在体育活动开始阶段的热身和结束阶段的放松环节用得较多。分组教学,是把全体幼儿分成若干个小组进行活动的组织形式。

幼儿体育活动中的分组教学是体育活动组织的基本形式之一。在幼儿体育活动中,不是把知识与技能硬塞给幼儿,而是应该创设出一种适合其身心发展特点的教学情境,引导幼儿探索发现。分组教学可以很好地培养幼儿与同伴的合作与协助,不仅能够提高幼儿社会交往能力,而且能够优化幼儿体育活动的教学效果。

二、措施

幼儿体育教学中的分组教学法是保证活动顺利进行的有效组织手段,文中梳理总结了标识分组、队列分组、随机分组、提示分组、友伴分组、帮辅分组、同质分组、性别分组、异质分组、兴趣分组十种分组教学法。

幼儿园一日活动教育技巧50例

（一）标识分组

在体育活动中，有时为了游戏规则的需要，提高教学的有效性，教师需要利用明显的标识进行区别，让不同小组的幼儿完成不同的游戏动作。常用的标识有颜色、卡片、头饰、数字、卡通人物、环境标识等。同时，教师利用不同游戏标识对幼儿进行分组，可以让幼儿知道自己小组有哪些成员，从而确保小组合作游戏的顺利完成。

如在"会飞的沙包"活动准备环节，教师准备了供女幼儿使用的红色沙包和供男幼儿使用的蓝色沙包，既明确了性别，又能在活动中按照游戏内容进行变化。再如，中班幼儿首次上体育课，教师在地上依次摆放了小兔子、小乌龟、小老虎、小熊猫等卡通玩偶标识，让幼儿分四组在玩偶后面排队玩儿"送小动物回家"的游戏，以此熟悉队形队列。

（二）队列分组

这种方法是体育课最常用的方法之一，有利于提高幼儿竞争意识，培养幼儿集体荣誉感。优点简单明了，不用教师详细讲解分组的要求，每名幼儿都能非常清楚地找到自己在队伍中的位置，能够以最快捷的速度进入教学状态。而且每队的小队长一般由能力较突出的幼儿担任，这样不仅能配合教师在不同方位快速找到队列位置，还能协调纠正组内幼儿的错误位置和动作，增加团队凝聚力。

不仅在体育活动中，在早操、户外活动，甚至其他四大领域中，也会经常用到队列分组。如在"会飞的沙包"活动的开始阶段，师生问好这一环节，幼儿不用任何提示就直接以四路纵队形式分组排队。但凡只要有集体在，队列分组就必不可少。无规矩不成方圆，只有熟悉掌握了队形队列，教学内容才能顺利进行。

（三）随机分组

随机分组是根据相应的游戏规则，随机产生的分组方法。可以通过猜"手心手背"、玩儿"石头剪刀布"、抛硬币等方法来分组。这种分组方法带有

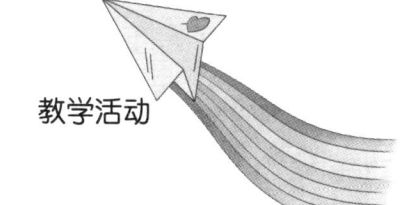

很大的随机性,适合游戏和竞赛等活动使用。

如在"会飞的沙包"活动的准备部分"喊数抱团"热身游戏中,幼儿听到数字快速抱团就是一种随机的分组。再如在游戏"奇妙的数字"中,幼儿随机抽取写有数字的纸条并按数字排队,有可能抽取数字"1"的整组幼儿能力都偏弱,也有可能抽取数字"3"的整组幼儿能力都很强,挑战与机遇并存,带动幼儿对下一次挑战的期待,大大活跃了比赛气氛。

(四)提示分组

幼儿活动中的体育游戏比较多,教师可根据具体的教学内容直接用语言提示进行分组。这样可以节约出更多活动的时间,不会因为分组打断游戏的持续性。教师在游戏过程中用语言提示幼儿分组,可以唤醒幼儿分组意识,激发其参与游戏的积极性。

如在"会飞的沙包"热身环节小游戏"喊数抱团"中,教师扮作大灰狼,以天黑喊出数字为提示,幼儿扮作小羊迅速按数字提示抱在一起,落单的小羊会被大灰狼追捕,被追到者被淘汰,天亮后,小羊四散跑开找草吃。这个小游戏可以锻炼幼儿的判断力和反应能力。当然,提示分组不止在游戏中会用到,还可以应用到其他教学内容里,因为这是一种快速有效的分组方法。

(五)友伴分组

这种方式最受幼儿们的喜欢。因为在游戏时,幼儿能以自己的意愿选择其喜欢、信任的好朋友一起合作玩儿游戏,这种分组方式可以使小组成员之间亲密无间,气氛欢愉。"物以类聚,人以群分",人更倾向于与自己熟悉的人、亲近的人聚在一起。因此,在体育教学中采用友伴分组可提高幼儿的学习热情,使每个幼儿都体验到体育活动的乐趣。

如在"会飞的沙包"基本部分第一环节的"结伴探索玩沙包"中,让幼儿自主选择好友结伴探索沙包的各种玩儿法。再如,一个不会投沙包的幼儿处在一群好朋友当中,其同伴会用友好的态度热情地鼓励他一起玩儿沙包投掷,并给予指导和帮助。在熟悉的好朋友面前,原本不会投沙包的幼儿不会胆怯灰心，会很放松、毫无顾虑地与友伴一起活动，一起进步。

（六）帮辅分组

组织部分幼儿对其他幼儿进行帮助指导，这种分组形式可以是一帮一，也可以是一帮多。帮辅分组多应用于动作较复杂的新授课内容，其教学效率要比教师一个人对众多幼儿进行指导快得多。在帮辅分组中，幼儿之间的关系是平等的，是一种互为依赖的关系，其中负责指导其他幼儿的幼儿，在教其他幼儿的过程中也在强化自身能力。这种分组形式也是幼儿在活动中居主体地位的最好体现。

如在"会飞的沙包"基本部分第三环节帮辅练习投沙包中，让侧身投掷沙包相对学得快、学得好、善言谈的幼儿一对一帮辅学得慢的幼儿，共同进步。再如，在武术兴趣小组教授五步拳，由于幼儿学习动作快慢不同，教师可采用一对一方式，个别能力强的幼儿甚至可以一对二，学做小教师。教师巡回指导，对认真教、认真学的幼儿可当场进行表扬。

（七）同质分组

将能力水平相当或相近的幼儿分在一组，这种方法在体育教学中经常会用到。在练习中，组内幼儿共同分享自己的优点，也能通过交流解决自己的缺点，使竞争更具激烈性和和谐性。低水平小组成员想进高水平小组，就得认真练习技能；高水平小组成员如果不努力，也有可能退到低水平小组。这种组内成员同水平竞争，有利于增强幼儿的挑战意识和好胜心。

如在"会飞的沙包"基本部分第四环节难度划分投沙包中，教师可根据投掷能力将幼儿分为远近两组，分别拉高、低两根横线，方便不同水平的幼儿练习。再如短跑练习中，幼儿总是要找与自己速度差不多的小伙伴一起跑。助跑跨跳练习中，要设高、中、低三种高度才符合个体差异的教学原则。但同水平分组也有不足之处，如容易在幼儿中形成等级观念和弱势人群的自卑感等，同时容易滋长能力较强幼儿的骄傲情绪，能力较弱幼儿则容易产生自卑心理。教师要及时采取措施，讲明由于每个人的身高、力量不同，对同一

教学活动

种技能水平的进步幅度也不同,所以只要态度认真,努力,谦虚,就是最棒的。

(八) 性别分组

在体育活动中,教师可根据不同的情境、不同的难度、不同的内容,将幼儿分为一男一女或一队男孩、一队女孩进行活动。这种分组方法不但可以增强幼儿的竞争意识,而且能够充分调动幼儿参与体育游戏的积极性。

如在"会飞的沙包"基本部分第五环节"男女分组投远比赛"中,因为男女幼儿绝对力量有一定差距,故分为男队一组,女队一组各自进行比赛。再如,一些涉及到力量的跳跑活动,一般都是男女分组练习。

(九) 异质分组

将能力水平不同的幼儿分在一组,即在同一小组中既有能力较强的也有能力中等和较弱的幼儿。这种分组形式不等同随机分组,而必须是人为地将不同体能和运动技能水平的幼儿分成一组,或根据需要进行分组。这种分组方式可缩小各小组之间的差距,有利于开展相应的教学内容。这样分组能充分发挥能力较强幼儿的带头作用,让他们担任小组长,一举一动都会成为其他幼儿学习和模仿的榜样。另外,由于小组长的责任就是帮助和协助其他幼儿,所以小组长无意间就成了其他幼儿的小老师,幼儿们合作学习的意识得到了加强。为了小组的胜利,大家学会了交流,学会了尊重,更学会了团结,体会到了集体的力量和荣誉。

如在"会飞的沙包"基本部分第六环节游戏"给小动物送玩具"中,教师可把能力不同的幼儿分成实力相当的两队进行比赛,这样可以避免在比赛中发生一边倒的情况。再如,在进行接力跑游戏前,把跑得较快和跑得较慢的幼儿合理地分配在各个小组里,确保游戏的公平性,这就是典型的不同水平的分组。

(十) 兴趣分组

高兴学来的东西,永远不会忘。哪里没有兴趣,哪里就没有记忆,这在幼儿园的教学活动中表现得尤为明显。幼儿年龄小,对不喜欢的人或事不会掩饰，教师选择的教学内容要以幼儿为主体，符合幼儿身心特点及喜好，让每个幼儿都能主动参与其中，调动幼儿积极性，增加幼儿对体育活动的信心和兴趣，达到锻炼身体和快乐成长的目标。

在每届大班临近期末的时候，我们会安排两节课的自主选择活动。让幼儿按自己的兴趣从羊角球、篮球、跳绳、海绵转等器械中挑选喜欢的，和好朋友一起用自己的方法进行游戏，一课多玩儿。这样的分组方式尊重了幼儿自身的意愿，让幼儿做主人，让他们能够在脑海中留下关于幼儿园的美好回忆。

分组的形式多种多样，但教师在课前进行教学设计时就应有预设、有思考，备好教学内容、备好教学方法。虽说分组方式各具特色，但绝没有哪一种方式是最好的，也没有哪一种方式是最差的，我们在教学中能够灵活运用不同的分组方式才是关键。这些分组方式也不是孤立的，有时不同分组方式会交织在一起。在实际教学中还有其他许多分组方式，诸如，按身体高矮、年龄大小、性格好动好静，自觉性好差等进行分组。如何在教学中具体实施分组，尚需教师结合实际情况进行选择。巧妙把握，玩出特色，玩出健康，幼儿快乐，才是我们的最终目的。

浙江省宁波市李惠利幼儿园　刘钊

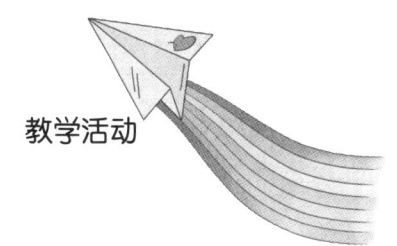

教学活动

主题活动下角色游戏的组织技巧

案例描述

为了在角色游戏中融入主题内容，大一班开始了主题背景下角色游戏探索之旅。教师将所有游戏进行串联，打造一个游戏体验中心，所有的学习性游戏材料分类、分区域摆放，形成不同的体验区：有美工创作区、益智游戏挑战区、甜品屋等。游戏开始，幼儿自主选择体验区进行活动，他们只是在游戏开始时有过较为短暂的社会性交往行为，而后便是各玩儿各的。尤其是美工创作区和益智游戏挑战区偏重于知识技能的目标达成，忽略了情感、态度等方面的目标渗透。因为投放了大量的学习性区域材料，幼儿进入以后有非常明确的任务目标，所以个体间缺少交流。教师这种重视技能类区域，轻视角色区域的做法，忽视了对幼儿社会性交往能力的培养。

一、背景

社会交往是人生存的一项基本需求，幼儿期是人社会性发展的关键期，对幼儿的心理发展具有重要的意义，也影响着幼儿的个性化发展。角色游戏是幼儿通过扮演角色，运用想象，创造性地反映个人生活印象的一种游戏，是发展幼儿社会性交往能力的重要途径。随着课程游戏化的不断推进，教师课程理念的进一步更新，应在以角色扮演为主的社会性游戏中寻找新的突破口，使幼儿在主题活动中获得的知识经验能够在角色游戏中进行灵活运用和迁移。幼儿在角色游戏中产生的需要也能推动主题活动不断深入，使角色游戏和主题课程相辅相成，有效融合，促进幼儿各方面能力协调发展。

二、措施

（一）明晰目标，理清思路

重新梳理各年龄段角色游戏目标，并把主题目标一条条进行深度剖析，将两者结合起来确定每一个游戏的目标，使教师做到游戏有主题，心中有目标。

1. 主题背景下角色游戏设置清单

设计游戏清单，内容围绕回顾主题目标、梳理游戏来源、明确游戏目的、寻找理论依据几个方面。教师对班级游戏做深度剖析，使游戏目的既与主题目标贴合，又有理论依据。

2. 主题背景下角色游戏推进记录

主要从发现问题、推进策略、取得成效三个维度，引导教师深度剖析班级存在的问题，明晰解决思路。

3. 主题背景下角色游戏观摩推进

不定期组织教师相互观摩，结合主题目标，进行亮点点击，提出不足与建议，集集体智慧优化游戏组织。

（二）幼儿本位，快乐游戏

在明确了主题背景下角色游戏创设思路后，针对存在问题，各班以主题活动为切入点，师幼共同整合主题与游戏目标，制订游戏计划、设置游戏内容、收集游戏材料、共商游戏规则等。教师应帮助幼儿整理、巩固、创造性地再现各种感受和经验，引导幼儿在游戏中进行更深入的学习活动，实现有效支持幼儿学习与发展的目的。

1. 自主制订游戏计划

为了让游戏与主题结合更紧密，更好地体现幼儿是游戏的主人，教师可以尝试让幼儿自主制订计划，以此推动主题背景下角色游戏的发展，提升幼儿的计划、实施、调整能力。如大班"邮局"主题游戏中，经过一番讨论与设计，第一次的计划包含游戏名称、流程、需要材料、参与人员。幼儿根据自主制订的计划寻找材料并实施游戏，但在游戏过程中，问题"频发"：经验不足，游戏无法深入；材料太少，不足以支撑游戏，等等。问题不断出现，让幼儿意识到计划不是一成不变的，需要进一步调整与规划，于是第二次计划应运而生。在第二次计划中，幼儿设计了不同价格的邮票，调整了游戏流程，丰富了游戏材料等，游戏的针对性更强，情节更丰富了。游戏计划从制订到实施再到调整，都是幼儿自由自主完成的；幼儿对游戏中遇到的问题的探索不断深入，计划也随之不断变得更加明晰，其计划性和对游戏的推动作用也不断得以加强。

2. 与主题契合的角色分工与职责

角色游戏中的灵魂人物就是各游戏区的工作人员，他们的存在能够有效推动游戏的发展。在每个游戏中，设置什么样的工作人员、需要承担什么职责、几个人员最合理，这些问题是决定角色游戏是否高质量运行的纽带。如大班"小吃店"主题游戏中，幼儿本打算小吃店内的食品是自选的，顾客想吃什么就取什么，服务员负责传递加工好的食品。但是在游戏交流环节，幼儿发现了问题：顾客自取食材不够卫生，而且服务员和顾客间几乎没有交流，形同虚设。通过讨论，幼儿们重新明确了服务员的职责，增强了游戏性，丰富了情节，也很好地达成了主题目标。

3. 礼仪特色的融入

角色游戏因其社交性特征能够很好地融入礼仪教育，教师可以根据幼儿年龄特点以及当下主题，梳理出礼仪行为标准，采用不同的角色游戏进行礼仪教育。例如，角色游戏中工作人员对顾客的文明行为等，而顾客对工作人员有不满意的地方，可以及时采用绘画的方式记录并投入投诉箱，以增强游戏互动。

主题背景下角色游戏的开展，是推进课程游戏化的一项重要举措，角色游戏作为主题背景下的延伸活动，为幼儿的可持续发展提供了更广阔的空间和更充裕的时间，幼儿的情感体验能够借此得到一定程度的提升。在与环境、材料的自主互动中，幼儿也积累了解决问题的经验，较好地体现了以幼儿为本，促进幼儿各方面能力的和谐发展。

江苏省淮安市清河机关幼儿园　张莉

动画片音乐教学法

案例描述

《森吉得玛》是一首由内蒙民歌改编的管弦乐曲,在教学时朱老师先给幼儿讲了相关传说,幼儿们听得很认真。讲完传说后,要开始活动了,通过朱老师的介绍,幼儿对美丽的大草原有了一个初步的了解,活动的目标设置为:体验同一首乐曲通过不同的表现手法使听者产生不同情绪,并能创编动作,表达自己的感受。但是活动中大部分幼儿不知该如何创编动作,讲述感受,甚至有幼儿直接说:"老师,这太难了。"

幼儿平时接触的管弦乐较少,难以让他们像喜爱动画片中的音乐一样喜爱管弦乐。教师该如何激发幼儿的兴趣,才能使幼儿有艺术表现的欲望和潜能?朱老师陷入了沉思。

一、背景

动画片音乐是以幼儿的心理发展特征为基础设计的,具有动态讲述性、歌曲编创适宜幼儿歌唱的特点,其播放设备便利、易得,适合幼儿园使用。教师可以尝试以动画片音乐为载体开展幼儿音乐欣赏活动。动画片音乐是一个可开发的、有教学价值的金矿,具有诠释音乐的作用。教师可以让幼儿先由视觉的感知内化到对音乐的理解,对于幼儿来说这是一种新颖有趣的音乐活动,教师也可以利用动画片里的场景来帮助幼儿理解音乐,得到审美体验。动画片音乐在幼儿音乐欣赏活动中的有效运用,能够丰富幼儿音乐教学活动的内涵,弥补音乐教学活动的单一性,改善幼儿园音乐欣赏活动教学的模式化。

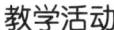

几乎每个幼儿都喜欢看动画片，不仅是因为其动感十足的画面、有趣易懂的故事，还与片中的音乐有关。但动画音乐在幼儿园音乐教学中运用的还不是很多，绝大多数教师依然采用故事、图片、乐器和自制教具等传统教学资源开展音乐教学活动。

二、措施

在利用动画片音乐提高幼儿欣赏能力的过程中，蕴含着各种各样的方法，它们相互渗透、相得益彰。

（一）模式一：视听并重教学法

所谓视听并重教学法，是采用动画的声音和画面互为依附，重复表现同一事物，是一种对应的同步欣赏。试听并重教学法从音、画欣赏的角度出发，利用"视听通感"原理，试图让幼儿在声音和画面共同作用下受到整体、和谐的审美熏陶。

在介绍音乐主题时，教师可以采用讲故事或者出示图片，适当播放动画片片断的方式，这将会对幼儿产生极大的吸引力。如《森林的故事》音乐欣赏活动中，教师边播放音乐边向幼儿展示动画片片段，表现各种动物的出场，直观且动态地描绘出一幅森林的画卷。以这种生动的方式介绍音乐，能让幼儿更深刻地感受到音乐所营造的神秘的森林氛围。又如，在欣赏《命运交响曲》时，教师播放动画，让幼儿欣赏动画时注意蝴蝶的生命历程。然后请幼儿讲讲自己看到了什么，有什么感触。在分析乐曲结构的环节，教师可间断性播放动画片音乐，结合动画的高潮与低潮讲述乐曲结构，也可以请幼儿回答他们听到的高潮在哪里，突出幼儿的主导性。教师依靠动画片创设特定的场景和情景，把抽象的音乐变成可闻、可感、可录、可说的形象来激发幼儿的情感。让幼儿通过真实的画面和故事来理解乐曲所体现的含义，通过音乐与画面的高度融合，让幼儿达到情感上的共鸣。

实施视听并重教学的注意事项：首先，动画与音乐应密切结合主题；其次教学环节不能以播放动画音乐为主，重点应放在让幼儿表达自身的情感。

分析乐曲结构也要以幼儿为主，发挥他们的主动性。

（二）模式二：视听语言描述法

所谓视听语言描述法，即让幼儿通过欣赏动画片音乐，根据内容进行音乐描述的方式。它旨在使幼儿从中获得审美感知、想象、理解、创造等能力全面发展的同时，利用动画形象帮助幼儿理解音乐内容。对于某些较为抽象的音乐作品，教师可以采用一些动画片里的场景来帮助幼儿理解，得到审美体验。

视听语言描述法的实施程序：播放动画片音乐——语言描述动画内容——故事编纂——复习音乐。如在欣赏《溜冰圆舞曲》时，教师播放雪孩子救小兔的一段动画，请幼儿讲述看到了什么，然后结合动画讲述乐曲的变化，最后请幼儿通过想象编故事。这种教学方式既丰富了幼儿对音乐的创造性表达，加深了幼儿对音乐的感触和理解，又锻炼了幼儿的想象力。

视听语言描述法的实施注意事项：首先，视听语言描述法注重的是动画的故事性，由故事引发幼儿对音乐的感触。因此教师选择的动画片音乐，要看动画的故事性强不强。其次，幼儿已基本具备完善的沟通能力、描述能力，能结合动画片画面较完整地讲述内容，掌握精彩对话，概括动画片内容。但幼儿在语言的组织上还有所欠缺，如一些名词、形容词的表述不完善。教师可对幼儿的回答进行丰富和引导，加强语言的色彩，锻炼幼儿的语言发展能力。

（三）模式三：视听绘画法

所谓视听绘画法，即先不急于告诉幼儿欣赏的主题，而是放录音让幼儿听音乐闭目想象所听到的音乐含义，并用笔把听到和想到的东西画出来。

黑格尔在《美学》中描述了音乐和绘画的关系："音乐和绘画有较密切的亲族关系，两门艺术里内心生活的表现都占较大比重，绘画可以越过边境进入音乐的领域。"这充分说明了绘画是凝固的音乐，音乐是流动的绘画。

如在欣赏"小蝌蚪找妈妈"活动中，教师播放小蝌蚪出生后的音乐片段，然后通过动画片来告诉幼儿，通过笛子和二胡来表达小蝌蚪刚出生时的快乐。

让幼儿随音乐一起律动，在欢乐的气氛下了解音乐的旋律感，最后请幼儿画出自己心中的小蝌蚪，表达内心的愉悦感。

实施视听绘画法的注意事项：首先，教师应明确这是一堂音乐课，不能本末倒置成了美术课，绘画是为了实现对音乐的更好表达。其次，教师要尊重幼儿对音乐的表达，不要限制幼儿在活动中的表现。

幼儿只有处在恰当的音乐氛围中，才能受到良好的音乐熏陶，达到最佳的教学效果。教师创造恰当的音乐情景，能使音乐更加充实、形象、生动、更具有吸引力，而动画片声图并茂，一片生机，使抽象的音乐形象化、虚幻的音乐形象具体化、枯燥的音乐知识趣味化。音乐教学活动中，让幼儿观看动画片的目的是使他们潜移默化地受到各种音乐的浸染，从而在客观上对幼儿的音乐学习产生一定的积极影响。

江苏省无锡市新安中心幼儿园善德分园　朱莉

有效进行幼小衔接

案例描述

小明在上幼儿园时,早上要么经常迟到,要么是踩着点儿进园。教师多次和家长进行沟通交流,但是效果并不理想,根源在于家长对此不以为然。这导致小明上小学后,出现了常常迟到、注意力极度不集中、上课坐不住、思想容易开小差、作业不会做等一系列问题。此时家长认识到了问题的严重性,多次找小学班主任进行沟通,但效果并不是太理想,小明很难一下子有所改变,甚至产生了恐惧上小学的心理。

一、背景

幼儿园和小学是两种不同模式的教育。幼儿到了大班,面临最大的问题是幼小衔接教育,教师有时不能很好地做到让幼儿顺利、融洽地过渡到小学教育,导致幼儿上了小学后,出现不适应小学的生活与学习的状况,主要表现为:上课坐不住、注意力不集中等。

依据《纲要》要求,幼儿园应与家庭、社区密切合作,与小学相互衔接,综合利用各种教育资源,共同为幼儿的发展创造良好的条件,帮助幼儿从思维方式、学习习惯、社会技能等方面适应小学生活,从而有效做好幼小衔接工作。

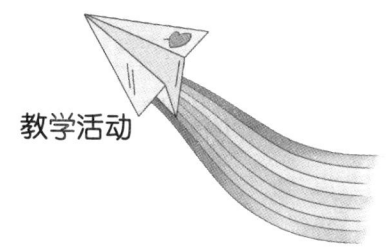

二、措施

（一）根据幼儿的年龄特点，选择丰富的课程内容

根据大班幼儿的年龄特点，在教学模式上采用游戏化教学模式开展主题活动，并与区域游戏活动相结合，体现幼儿的个性化学习，提高幼儿动手、动脑能力，从知识体系、学习方法、学习方式、学习品质等多个角度考虑与小学的衔接，力求达到多元、开放、创新的课程文化形态。

教师可以精心选择适合大班幼儿阅读的文学作品，以故事作为课程构建与发展的载体，整合幼儿各领域的学习经验。故事是具体的、形象的，幼儿的学习是生动的、鲜活的，它不同于小学的教学模式，让幼儿在阅读、体验和创造性表现文学作品等多种生动活泼的教育活动中，构建对自我、他人、对社会、自然的认识与理解，同时激发幼儿的学习兴趣，养成幼儿的阅读和思考习惯，发展他们的语言倾听、理解和表达能力，锻炼自主性、独立性和合作能力。如利用每天早上的时间进行简单的晨诵活动。

在课程的设置方面，要加大体育教学活动。结合《指南》精神，根据幼儿一日活动作息，安排每天的体育活动，增强幼儿的体质，发展幼儿的多项技能。例如，在幼小衔接课程中纳入足球、轮滑等专项健康项目，并结合主题活动内容，全面培养幼儿身心素质。

在数学活动方面，幼儿往往是被动的、不情愿的，时间久了，势必会大大降低幼儿对数学的兴趣。教师应改变教学观念，让幼儿在生活中寻找数学，逐步形成数学感和数学意识。将数学活动引入生活中，能够真正做到学以致用，可以通过运用数学来解决生活中出现的问题，从而获得自信。在幼小衔接课程的设置上，数学领域应多方位、多角度去选择适合幼儿的教学内容，利用多种材料加强幼儿的感官认知，通过让幼儿动手操作感知数学活动的有趣，让他们体验在玩儿中学、学中玩儿的乐趣。

艺术是人类感受美、表现美和创造美的重要形式，也是表达自己对周围世界的认识和情绪态度的独特方式，它让我们清楚地认识到艺术对一个人生理和心理的调节，受益终身的好处。所以，教师在课程设置上应将幼儿的感受作为主体，将所教授的歌唱、韵律等充分与区域游戏相结合，让幼儿敢于大胆表达自己感受到的音乐旋律的美，并且能够跟着音乐的节奏进行大胆的创编。至于美术活动，可以加入一些中国传统的民间手工艺术，通过剪纸、彩绘等各种各样的民间特色活动，让幼儿感受到艺术活动之美，从而自发地去发现美、感受美、创造美，且能够更深刻地感受中国特色传统文化的魅力。

幼小衔接课程中五大领域活动的有效融合，主题活动、区域游戏等活动的开展可以大大激发幼儿学习的兴趣和愿望。丰富的课程设置及实施，对幼儿适应小学生活、减缓入小学后学习生活压力及心理压力起着重要的作用，从智力、能力、身体、心理等多方面为幼儿顺利升入小学打下坚实、良好的基础。

（二）幼儿园、小学教师双向互动，让幼小衔接更融洽

1. 课程制定及实施达到园、校统一

课程的设定，需要幼儿园、小学教师的共同配合，园、校两方教师应经常互动，吸取对方授课经验，取长补短，找出各自身上的教学风格和学习方式，共同探究衔接的"点"，达到教学一致。例如，在开展数学活动时，幼儿园教师制定的目标是以培养兴趣、提高动手能力为主，而小学教师制定的目标是动手操作与表达方面技能的提高。因目标的设置毫无衔接的点，这就会导致幼儿升入小学后出现不适应的情况。所以，幼儿园教师应将学习目标提高一些，在培养幼儿学习兴趣的基础上，有意识地引导他们提升动手操作与表达方面的技能。而小学教师也应根据幼儿特点，把目标层次略微降低，教学方式由游戏化教学方式逐步过渡到小学化教学模式，以游戏的形式开展教学活动，更适合刚刚升入小学的儿童的年龄特点。

2. 深入小学学习生活，感受小学课堂氛围

结合课程的设置、利用资源的便利，幼儿园教师可以带领大班幼儿近距离参观小学，走进课堂，熟悉小学课堂环境，感受小学生的学习氛围；也可以带幼儿走进图书馆，跟小学的哥哥姐姐一起阅读，学习如何借阅图书，了

解图书馆的礼仪；同时让大班幼儿多与小学的哥哥姐姐交流，学习他们自身的优秀品质，提高自身的素质；还可以通过组织大班幼儿参与小学的升旗仪式，加强幼儿与小学师生之间的交流，使他们对小学生活更加向往。

（三）结合一日活动，调整课程安排

1. 一日作息时间及课时的调整

幼儿园一日活动时间与小学的作息时间是不同的，为了能够更好地做好衔接工作，幼儿教师应相应调整作息时间安排。如入园时间与小学生进校时间相统一；集中教学活动由每周5~7节，逐步调整为一周9~10节。生活作息时间与课时的调整，旨在为幼儿升入小学后形成良好的作息习惯和学习习惯打好基础。

2. 紧密结合主题活动实施幼小衔接课程

为了做好幼小衔接课程，教师可以将一些与小学有关的主题活动渗透到大班幼儿课程中，如"我要上小学啦""再见了，幼儿园"等活动，均是幼小衔接的主题活动。教师也可以邀请小学教师到班级开展相关讲座，将习惯、认知等能力的培养渗透其中。

3. 巧将幼小衔接课程渗透到区域游戏

教师可以将幼小衔接方面的内容巧妙地渗透到区域活动中，如在语言区开展"看图讲述""有趣的汉字"等游戏，幼儿通过动手操作，感知和加深对汉字的了解和认识，丰富词汇及语言表达能力；在数学区增加认识时钟、统计、空间方位等相关的操作材料。幼儿通过动手操作，感知数学在生活中的重要性，并认识到合理安排时间、珍惜时间的重要性，潜移默化中提高了自身的数学能力。

安徽省合肥市滨湖启明星幼儿园　梁婷

方便、快捷的主题教学资源库

案例描述

在开展主题教学活动"测量远近"中,教师想让幼儿学习用目测和自然测量的方法比较、区别物体的远近,并用表格的形式进行记录,从而训练幼儿了解思维的相对性。

活动开展前,教师做了相应的准备工作,她选择了将幼儿园操场边的树作为测量对象,并准备了绳子、竹棒、长短不一的积木等测量工具。但是当幼儿开始实地测量时,发现树不是很集中,树与树之间的距离比较远,幼儿自由测量时太分散。而课前准备的绳子长度不仅不够,数量也不充足,其他测量工具也是如此,只能让幼儿轮流去测量。另外,由于教师事先没有在树上贴相应的数字,导致幼儿在测量时秩序混乱,再加上受到测量工具的限制,幼儿不仅没有掌握教师要求的用首尾相接的测量方法进行操作,有的幼儿甚至没有参与测量的机会。

一、背景

主题教学是指围绕一个主题,追随幼儿的生活和经验,借助于环境及多方资源,师幼共同建构一系列预设和生成模拟环境,共同探求新知的活动。主题教学资源库是指以主题资源形式对教学内容进行主题设置和管理,能够提供给教师和幼儿使用,或进行加工、组合后能够使用,对教和学具有促进作用,能够帮助和促进学习者学习的信息资源、支持系统和学习环境。

在幼儿园课程实施中,教师常为教学用具的准备、活动区材料的更新感到头疼。为此，很多幼儿园在主题教学中越来越依赖教学资源库，相关主题教学资源的开发与整合备受教师的关注。随着课程理念的不断更新，主题教学资源库已经成为教育领域中幼儿获取学习资源，教师进行资源积累，教学过程实现师幼、幼幼互动，建构新知识的重要辅助手段。

虽然教师已经意识到课程资源库建设的重要性，但未能系统地对课程资源问题从理念上、实践上进行研究和架构，收集时没有认真研究教学过程中动态生成的物质化与信息化，资源没有真正深入到教学层面，导致了课程资源的内涵不够深刻。另外，为了丰富资源库内容，也有教师会想方设法向资源库注入大量信息，然而对不同的教学资源，哪些可以用于教学的什么环节，不同教学活动中需要哪些不一样的教学资源，教学资源可以开展何种教学，哪些资源可以在区域游戏中运用等，都没有给出明确的界定，使得教学资源的数量与教学资源的质量配比之间出现了严重的不协调。

二、措施

（一）提高资源收集的有意性

首先，教师是主题教学资料库的建设、使用、调整和完善者，必须提高收集资源的有目的性。在建设主题教学资源库之初，从搜索各类信息到主题墙，从活动区创设和操作材料的更换都应凝聚教师的智慧，记录下课程实施的足迹和成果。虽然整理资料比较烦琐、建设主题教学资源库会增加日常工作量，但今天的辛苦可以换来他日的方便。

其次，在主题教学活动实施中，可以请家长、幼儿一起参与资源的收集。在幼儿收集资源时，教师可以这样问："你怎么想到收集这个材料的，这个材料可以怎么用？"让幼儿在描述自己收集的历程中激发他们内在的学习动机，同时也可以提醒幼儿与同伴相互描述，让幼儿的学习意愿变得更为强烈。

（二）把握资源分类的规范性

在资源收集的过程中，可能会碰到这样的问题：怎样在繁杂的主题照片、文字材料里区别有价值的资料？每个主题材料类别很多，有立体的、平面的，有的轻、有的重，普通的材料袋没法放怎么办？这些问题其实是主题教学资料库建设的核心所在，教师应把握好资源分类的规范性。如主题活动"自信的中国人"中，在家长的协助下，我们收集了丰富的资源。教师先对收集到的资源进行了筛选，确定凡是入库的材料必须是精细的、有循环使用价值的，如精美的艺术字、模型挂图。接着教师要根据学习活动内容把入库的资源归为两类，一类是实物，一类是电子素材，这样，后期可方便教师运用。

（三）发挥资源运用的价值性

幼儿园主题教学资源库建设是一个合作的过程，也是一个双赢的过程，在这个过程中只有感受到了它对教育教学的促进作用，教师才能真正领悟它的价值。如"京剧"活动，在活动开展前，教师事先与擅长京剧的家长沟通，让他们担任助教。活动中先请家长表演京剧唱段，并请他们向幼儿讲解京剧作为国粹的发展历程，让幼儿感受到身为中国人的自豪。接着，教师出示各种京剧脸谱，让幼儿通过观察发现其中的特点。最后，请家长教幼儿学唱简单的京剧唱段，边唱边做一些简单的京剧动作，让幼儿在体验快乐的同时，感受国粹艺术的博大精深。这一教学活动的每个环节都离不开前期准备好的资源库。另外，教师还可以把收集的资源在区域活动中投入使用，从而实现对主题活动内容的延伸与拓展。如美工区中，幼儿利用京剧脸谱等图片，动手设计装饰平面脸谱和立体空白面具，并学习编织中国结等。

（四）感受资源共享的便捷性

在资源库建设过程中，教师是操作者，也是受益者。在主题教学资料库的构建中，为了让资源库能被循环利用，每个课程主题结束后，教师可以将经过整理的完整的主题资源交给年级资源总管理员，总管理员对这些资料统一标注好名称、适用范围、数量等，再定期将汇总目录发放到教师手中，供教师查阅使用，这是一个从"点"到"线"到"面"再到"点"的过程。

为了让教学资源库与课程更加有效地整合，可以优化资源库管理工作。首先，实施主题资源库借阅制度，建立借阅登记规章，明确使用要求，这样既能保持原有材料的完整,又能在原有基础上不断推陈出新。其次,制定资源包跟进制度,在使用中采取"补缺失,强亮点"的跟进策略,用制度跟进来推动资源库完善。另外,有的资源需要根据实际情况进行补充、修改,从而不断优化。只有这样,才能让资源库真正为课程建设服务,为主题教学的开展而服务。

江苏省苏州市吴江区平望幼儿园　王小英

其他

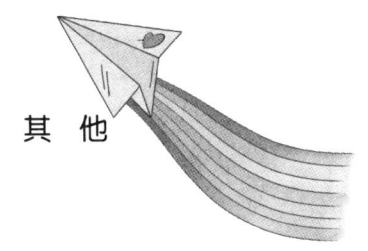

其 他

创设小班幼儿喜欢的环境

案例描述

新生入园时,幼儿和爸爸妈妈高高兴兴来到班级后,伴随着爸爸妈妈的离开,一个个小天使瞬间变成了小哭包,声嘶力竭的"我要妈妈""我要爸爸"的哭喊声充斥了整个教室。有的幼儿一把鼻涕一把眼泪地往门外跑,衣服脏了、鞋也掉了,整个现场很失控。

一、背景

《纲要》指出,环境是重要的教育资源,应通过创设,并有效地利用环境,促进幼儿的发展。什么样的环境是幼儿喜欢的环境?什么样的环境是以幼儿为主体的环境?什么样的环境才是支持幼儿学习与发展的环境?

小班幼儿有什么特点、需要,是我们环境创设中首先要考虑的。小班幼儿年龄小,情绪作用大,入园前基本在家庭中度过,从家庭进入幼儿园,生活环境、生活内容都发生了很大的改变,在适应的过程中,存在紧张与焦虑情绪。另外,小班幼儿对安全感的需要比中、大班幼儿来得更加强烈。因此,结合幼儿的特点与需求,应创设幼儿最熟悉、最直观、最能依恋的生活化环境,让班级有"家"的味道。

二、措施

(一)创设"家"一样的娃娃家

小班环境要给幼儿"家"的氛围。因此,教师可以重点布置娃娃家,并扩大"娃娃家"的空间,把更多的内容融在娃娃家的活动中。因为小班幼儿第一次离开熟悉温暖的家来到陌生的幼儿园,是极度缺乏安全感的。最能缓解幼儿焦虑情绪的就是家的感觉,所以娃娃家是幼儿最喜爱的游戏场所。

不同的色彩会给人不同的心理感受,在布置娃娃家时,颜色中粉色系最能营造温馨的氛围,而在粉色系里,粉红和粉蓝搭配是最理想的。教师应充分利用生活中常见的各种材料作为投放材料。如使用柔软度比较高的材料,可选范围包括:各种各样的纸、布、绳子、浴球、网纱、勺子等。

针对幼儿可能会出现的焦虑和不安,在创设娃娃家时,教师除了考虑色彩、材料投放等,也可以请家长配合让幼儿带一张全家合影来园,在班级内创设全家福照片墙,使幼儿感受到在园期间也是与爸爸妈妈在一起的。让幼儿相互介绍自己的家人,幼儿之间的亲近感会油然而生,有利于幼儿尽快适应幼儿园的生活。

(二)幼儿参与布置生活区域环境

小班幼儿能力弱,为了让幼儿参与到环境的创设中,可以把区域空间划分成互动墙面。例如,在签到墙、喝水区等区域设置拉拉链、扣纽扣、夹夹子、毛毛粘、投吸管等活动,它们不仅是幼儿乐于参与的活动,也有助于幼儿小肌肉的发育和自理能力的提高。

幼儿在喝水或签到的时候总会出现等待的现象,有的幼儿找了半天才找到自己的水杯。针对这样的现象,教师可以和幼儿进行一次交谈,商讨怎么解决这样的问题。小班幼儿经验不足,教师一定要起到自身的引导作用,通过讨论,教师应根据幼儿的想法进行材料、空间方面的调整,以减少等待现象。另外,小班幼儿的收拾整理意识比较薄弱,时常看到他们的小柜子乱糟糟的。教师可以从幼儿的操作性、幼儿的需要、提升幼儿自理能力三个方面出发,依据小班幼儿的年龄特点,在物品与相对应的柜子上加上标识,如数字标识、图案标识、实物照片标识、形状标识,让幼儿自行选择其中一种方式装扮小柜子。通过这样的标识,幼儿收拾整理自己的物品便不再那么困难,柜子也会整齐很多。

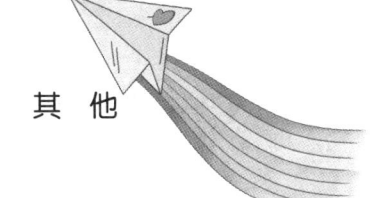

其 他

(三)捕捉一日活动中的教育契机,创设班级墙面

尽管小班教师在一日活动中的琐碎事情很多,但不能失去捕捉教育契机的机会,可以在墙面上投放一支笔、一张小小的便利贴,随时记录幼儿有趣的学习故事。如在"我们的春天"主题活动中,幼儿对教师前期投放的绘本中的小蝌蚪非常感兴趣。教师以此为契机开展了关于小蝌蚪的微课程,并借助家长资源让幼儿去池塘中寻找小蝌蚪,有的家长甚至把小蝌蚪带来班级让幼儿观察。最后,教师通过拍照、录制视频等方式把幼儿活动时的经典时刻记录下来,并创设了独一无二的班级墙面,幼儿置身其中,熟悉感、亲切感油然而生,焦虑情绪自然而然得到了缓解。

江苏省淮安市清河幼儿园　华敏璐

幼儿园一日活动教育技巧50例

☀ "三教轮保"促幼儿能力发展

案例描述

幼儿进入大班，独立自主能力有了很大的提升，我在大班开展了"叠被子"活动。午睡后，我调动幼儿的积极性，利用儿歌认真示范、讲解叠被子的流程，并交代了注意事项。然后，幼儿开始整理自己的床铺，教室里一派热火朝天的热闹景象。但是大部分幼儿并没有掌握技巧，被子叠得稍显凌乱，不够规范整齐。

让幼儿掌握叠被子的技能不但需要长时间的反复强化练习，更需要保育员的支持与配合。我班保育员认为，与其教给幼儿自己叠被子，不如保育员来叠，又快又好。我班保育员的观点与大部分保育员一样，只侧重于保护幼儿身体的健康，却忽略了对幼儿的教育，很少配合教师促进幼儿各项能力的发展。

一、背景

在幼儿园里，对幼儿日常生活技能的培训可以称得上是幼儿园教师最重要的工作之一。著名教育家陶行知先生提出"生活即教育"的理念，生活自始至终伴随着一个人的成长，贯穿于一个人的终生教育之中。作为一名幼儿园教师，更要处处做个有心人，为幼儿创设"做力所能及的事"的条件与环境，让幼儿能充分地自我服务，养成良好的常规习惯。

保育工作是幼儿教育的重要组成部分，以往幼儿园教学班普遍采取"两教一保"模式，即两名教师负责班级中的教育工作，一名保育员承担班级的保育和卫生工作。然而，在"两教一保"模式中，一些保育员因未接受过系统的专业理论学习、严格的技能技巧训练，特别是对《指南》理解不深，不能恰到好处地与教师的教育目标同步，这在一定程度上影响了教育质量的提高。而"三教轮保"的保教新模式，通过对教师职责的理解与实施，对于促进和规范教育、保育工作有一定的作用。

二、措施

（一）"三教轮保"，实现教育生活化

以前，幼儿园在教师与保育员的职责方面，始终存在着各司其职的现象，重分工、轻合作。"三教轮保"，贯彻落实了"保教合一"的原则，做到"保中有教""教中有保"，而且教师有"一日生活皆课程"的理念，在培养幼儿的习惯、能力、表达、表现等方面的同时，也能够关注幼儿的生活质量以及情绪和需要，不断地调适自己的教育行为，让幼儿健康快乐地成长。

对小班幼儿脱、穿、叠衣物能力的培养，以往总是由保育员让幼儿枯燥乏味地反复训练，或干脆由保育员包办整理。幼儿学得辛苦，保育员也事倍功半。"三教轮保"的教师，因有扎实的专业知识，能够依据幼儿生理、心理特点组织相关活动，让幼儿在活动中锻炼生活自理能力。如"宝宝真能干"活动，幼儿起床后，教师以"天气凉了，小朋友快穿上衣服到外面找东西吃吧"形式，让幼儿进行穿衣服比赛，让幼儿在愉悦的游戏中认识到穿衣服并不是一件困难的事。

扣纽扣对小班幼儿来说不是一件容易的事，以往大部分情况都是由保教人员帮助幼儿扣。为了解决这一难题，教师可以在区域中投放布娃娃、小衣服等，让幼儿给娃娃穿衣、扣纽扣，让他们在拟人化的游戏情境中愉快地进行动作技能练习，不断提高自理能力。

通过游戏化的活动，教师不仅要注重生活教育化、教育生活化的原则，还要注重在保育与教育中互相渗透，力争达到保教合一，让教育多一些生活气息。教师应以日常生活为契机，及时抓住机会对幼儿实施教育，并运用良

好的教育技能帮助幼儿组织已获得的零散的生活经验。

幼儿教师面临的教育对象是正在成长的幼儿,只有创造性地开展工作,用研究型的学者姿态投入到保教工作中,才能将保教融合落到实处。例如,如厕是幼儿园生活中非常重要的一环,培养幼儿良好的如厕习惯是十分必要的。在平时,我们会发现许多幼儿往往是先脱裤子,后迈入便池。这种习惯容易造成幼儿行动不便,为事故的发生埋下了隐患。对此,"三教轮保"的三位教师经过讨论,决定根据幼儿的年龄特点与行为特征,从规则和行为上给予强化和指导,并一起动手绘制如厕顺序图贴在墙上,将如厕的要求直观体现在图片中。幼儿在轻松愉快的氛围中接受了规则,也避免了事故的发生。

(二)"三教轮保",户外活动促进幼儿健康成长

在实际工作中,"重教轻保"的现象屡见不鲜。要搞好幼儿园的保育工作,必须树立科学的保育观,规范操作行为。保教结合,实际上是保中有教、教中有保,强调教师、保育员之间的密切合作。

户外活动中保教工作的密切合作,能让幼儿得到更多的照顾和指导,减少活动中的安全隐患,能让教师更有效地组织户外活动,让幼儿玩儿得更开心、更尽兴,在玩儿中达到强身健体、培养品质的目的。如户外活动中,当幼儿进行动作练习时,教师的照顾、指导不能面向全体;当幼儿进行游戏活动时,教师需要角色分工,却分身乏术等。这就需要教师与保育员合作,保育员协助教师准备(收拾)器械和场地,或注意幼儿的运动量或进行个别引导等。毕竟,"三教轮保",今日是教师,明日可能就是保育员,既具有公平性,又有专业知识作为支撑,不仅能更好地教育幼儿,也使保教工作得以顺利开展。

"三教轮保"的实施,为幼儿园落实保教并重工作创造了条件。在《指南》的引领下,教师兼具保育员的角色,能够增进教师对保育工作的理解与认识,加强教师的保育工作意识与能力,使"教中有保"的原则得以落实。另外,教师良好的教育意识与教育能力,使其在与幼儿的接触中,可以及时发现幼儿在生理、心理及社会性发展等方面的需求与问题,并进行有效的引导、教育,也使"保中有教"的原则落到了实处。

其 他

　　"三教轮保"为教师提供了全方位观察幼儿的时间与机会，加深了教师对幼儿的理解，同时也让教师在工作中有了反思自己教育教学行为的时间，使教师在"学习—实践—反思"中不断总结、积累经验，促进了教师的专业成长。

山东省济南市二机床集团有限公司幼儿园　丁莹

让保育专栏"活"起来

案例描述

电话响了,何老师接电话,打来电话的是洋洋的妈妈,还没等何老师开口说话,洋洋妈妈的吼声就从电话里传了出来:"今天幼儿园的活动,我们怎么不知道,你们为什么不通知我们?害得洋洋没穿演出服,我们的演出服不就白买了吗?"

何老师解释说:"洋洋妈妈,我们在家园联系栏写了通知的。"

"什么家园联系栏?在哪儿?平时不都是在群里通知吗?这次为什么不在群里通知一下?"

"我们主要是以家园联系栏为主,设置家园联系栏的目的就是为了加强家长与幼儿园之间的联系。"

"现在都什么年代了,都是靠手机联系,这次你们没有在群里通知就是你们工作没有做到位,洋洋的演出服要退货!"说完洋洋妈妈不客气地挂了电话。

……

在平时工作中,这样的情况并不少见,家长自己不关注班级信息,出了问题只会责怪教师。虽然信息技术的发达给家园沟通带来了便利,但家园联系栏仍有它不可取代的作用,要让每个家长都能关注家园联系栏,有一定难度。

一、背景

在多种家园合作共育的形式中,家园联系栏是运用得非常广泛的一种联系方式。目前，幼儿园的家园联系栏主要是班级老师负责，展示的多是幼儿发展和教学方面的内容，而对于幼儿生长发育、生活习惯等方面涉及较少。尽管有一些园所也在尝试展现一些幼儿生活、保育方面的内容，但还是存在一定的问题。

1."纸质"专栏

教师精心设计的保育专栏并没有吸引家长的眼球，他们总是在早上匆匆把幼儿送来幼儿园，下午离园时又匆匆把幼儿接走，根本不会关注专栏中发布的任何消息。告知家长的温馨提醒以及需要家长配合的事宜如张贴在保育专栏，取得的效果往往很差，保育专栏流于形式，成为一种摆设，无人问津。

2."动态"专栏

随着科技的迅速发展，教师、家长也紧跟时代的步伐，班级通常会建立微信群和QQ群，有什么事都在群里交流。可是这些现代化的信息工具，也会给我们带来很多问题和烦恼。

（1）纠纷、抱怨

在幼儿园的集体生活中，难免会有抓、咬、绊倒等磕磕碰碰的事情发生，多数家长都能正确面对，可是有的家长就无法忍受，时常在班级微信群里发一些伤人的话，导致矛盾发生。如教师、保育员会经常发一些照片、视频到QQ群、微信群，让家长了解幼儿在园的情况和一些精彩瞬间，作为美好的回忆。本来出发点是好的，但有的家长看到自己孩子照片少点，抱怨声就会不绝于耳。更有甚者，无论教师怎么解释，都无济于事。

（2）参与不积极

家长在班级群里的活跃程度各不相同，有的家长积极参与互动，有的家长忽热忽冷，有的家长只是当观众，还有的家长不入群。如班级要买班服，教师在群里征求大家的意见，有的家长踊跃发言，提建议或意见；有的家长则根本不理会……

二、措施

（一）设置保育特色"纸质"专栏

在传统的保育专栏基础上，各班保育员应根据调查问卷、本班幼儿年龄特点和实际情况设计出具有特色的保育专栏，可包含保育快讯、生活之窗、心灵氧吧、成长在线等栏目。内容可以有：美食、安全常识、生活技能、卫生养护等。除此之外，还可以采取多种形式向家长宣传专栏内容，如采取给家长发小纸条、发短信、个别提醒、打电话等方式，让家长在第一时间了解保育专栏的内容、班级动态、幼儿在园情况等，这样不但加强了保育员和家长之间的沟通和了解，还促进了家园共育的有效配合，达到家园共育的一致性。

1. 注重专栏内容的适宜性

小班幼儿家长最关心幼儿在园的吃喝拉撒，中班幼儿家长关注幼儿在园的生活能力、交往能力，大班幼儿家长关注幼儿的学习习惯和活动动态。因此，应根据幼儿的年龄特点设计个性化的保育专栏。例如，小班可以设计"健康宝宝、温馨提醒、每月美食"等栏目，让家长了解幼儿在园的吃饭、睡觉、喝水、解便等情况，让家长了解幼儿在园的点滴进步及需要家长配合的事情；中、大班可以设计"生活技能、我问你答、你真棒"等栏目，让家长比较全面地了解班级丰富多彩的主题活动、幼小衔接的相关内容、开拓思维的智力游戏等，还可发动家长为幼儿的教育活动提供资料，感受并参与到幼儿园的教学活动中。

2. 注重专栏内容的针对性

要提高保育专栏的时效性，不能只是纸上谈兵，必须时刻关注家长的需要，适时地呈现一些能满足家长需要的内容。这样的保育专栏不仅是最受家长欢迎的，而且还能有效地、及时地帮助家长解决问题。

3. 注重专栏内容的连续性

除要合理搭配保育专栏各部分的内容、形式外，还要注重保育专栏内容的连续性。如洗手比赛，在开学初可以向家长介绍洗手的正确方法和洗手的重要性，以便家长在家督促幼儿正确洗手；接下来，就要跟进报道洗手比赛的规则和比赛情况；最后追踪报道幼儿获奖情况和颁奖仪式。这样不但让家长了解了幼儿园洗手比赛的全过程，还能让家长积极参与，共同促进幼儿养成良好的卫生习惯。

4. 注重专栏内容的宣传性

保育专栏是家长和幼儿园联系的一个纽带，同时也为家长更好地了解班级保育工作提供了一个便捷的途径。因此，保育专栏除要考虑板块设计、内容的选择、色彩搭配等外，还要靠保育员用心地去经营，加强对保育专栏的宣传力度，吸引家长的关注和参与，真正发挥保育专栏的功效。

（二）开展保育特色生活活动

1. 开展丰富多彩的生活活动

为了提高幼儿的生活自理能力和动手能力，调动家园合作的一致性，各班可以开展一系列的生活活动。活动前在保育专栏里发布活动通知和广告，让家长提前做好准备，准时参与。

通过这些活动的宣传、练习和比赛，一可以进一步规范对保育员的操作要求；二可以提高幼儿的生活自理能力；三可以让家长多一个关注幼儿生活习惯和健康发展的渠道。让家长在这些活动中正确认识幼儿的生长发育规律和特点，有针对性地科学育儿。

2. 家长参与幼儿园的保育过程管理

提高保育专栏的有效性和实用性还要充分考虑家长教育资源的优势，让他们参加幼儿教育的过程，介入幼儿学习的活动，体会教师工作的不易与艰辛，以便更好地配合幼儿园工作。

以涵涵妈妈来参加班级助教活动为例，活动结束后涵涵妈妈并没有离开，而是留下来跟班上的保育员一起组织幼儿洗手、进餐。事后涵涵妈妈感慨万分，并在班级群告知其他家长保育员工作有多么辛苦，还把保育专栏的内容发到群里，建议其他家长要配合幼儿园工作。这不但充分发挥了家长的主动性，而且提高了保育专栏的有效性和实用性。

(三)实时监控保育"动态"专栏

1. 加强实时监控,及时处理问题

充分运用现代化信息技术及时了解、科学管理家长在保育"动态"专栏中的情况。加强实时监控,一方面可以及时统计家长的在线情况,确保每位家长都能知晓班级、幼儿园动态;另一方面,一旦发现家长有不良情绪和不满事件时,能及时出面进行调解,避免不必要的矛盾和冲突。

2. 了解家长需求,调动家长积极性

保育员除了干好本职工作外,还要善于与家长、幼儿交流,了解家长、幼儿的喜爱,从而推动自己工作的开展。例如,为了给一些家长更好的展示、交流平台,班级可以设置"每月美食"板块,每月由家长自己上传食谱及具体的操作方法。有兴趣的家长可以互相学习、交流,这样在相互学习交流营养美食的基础上,充分调动起了家长参与的积极性。

保育专栏是幼儿园与家长沟通的一个重要窗口,通过多样化的形式和措施来打破以往保育员唱独角戏的局面,使保育员、家长、幼儿三方面互动,充分发挥家园双向沟通的作用。让家长从保育专栏中认识到家园合作的重要性,了解保育员工作的实际内容和重要意义,让保育专栏会说话、多对话、勤说话,吸引家长每天接送幼儿时能够驻足停留、观看、讨论保育专栏中的内容,达到真正与家长互动的目的,体现保育专栏的教育价值。

重庆市新桥医院幼儿园　何利　陈薇

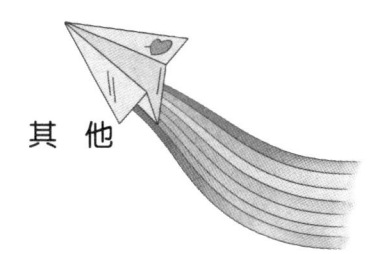

其 他

教室墙面环境创设"四要诀"

案例描述

小班新学期伊始,"可爱的小螃蟹"主题活动正热闹地进行着。今天的活动是"煮螃蟹、吃螃蟹",幼儿们兴奋地围在主班教师身边,观察着电磁炉上螃蟹的变化。这时,配班教师拿着相机走进来,对着幼儿进行多角度拍照,接着便急匆匆来到打印机前打印照片,然后把照片贴在已经准备好的螃蟹形状的卡纸上。最后,在幼儿品尝螃蟹时,将螃蟹卡纸贴在布置好的主题墙上。

就这样,本次活动的主题墙,在配班教师一人的"努力"下完成了。完成主题墙后,配班教师松了口气,对自己布置的主题墙还很满意。

一、背景

《纲要》明确指出了环境的独特教育价值,环境是重要的教育资源,应通过环境的创设和利用,有效地促进幼儿的发展。可见环境在幼儿发展中的重要作用。

目前,幼儿园墙面环境创设中存在的问题主要体现在:

▶ 墙饰环境创设与课程主题的开展脱节:在班级主题活动开展过程中,墙饰没有及时更改或替换迟缓。

▶ 墙饰环境一味由教师包办替代:由于幼儿年龄小和动作发展的特点,完全由幼儿主导的墙饰往往会显得杂乱无章,因此多数教师选择包办替代。

▶ 墙饰的设计过于华丽或者成人化:班级大环境的布置往往在学期初期完成,整体环境偏于精致和成人化,极少会余下空白让幼儿参与创设。

问题产生的原因：

▶ 忽视幼儿在环境创设中的主体性：幼儿在环境布置中有着不可取代的作用，环境应该为幼儿服务，幼儿应是环境创设的参与者和设计者。但从幼儿园班级环境布置的现状看，教师忽视了幼儿的主观能动性。

▶ 忽视环境动态变化与幼儿学习同步推进的价值：班级墙面环境的创设与活动主题、幼儿发展等息息相关，它应该随着主题活动的开展、幼儿知识能力的习得、作品展示的变化而变化。但由于幼儿园烦琐事情较多且幼儿教师的重视程度不够，班级墙面环境创设多数处于与现实脱节的状态。

二、措施

（一）在创设类型方面，"形散"而"神凝"

1. 主题式

主题式墙面：一般是指，幼儿园教室环境中的墙壁根据班级开展的主题活动内容进行设计和布置。

墙饰和主题活动要紧密联系在一起，并随着主题的推进和幼儿知识经验的增长动态调整，使幼儿透过墙饰对活动主题形成直观的感受，从而激发幼儿参与活动的积极性。

主题式墙面环境创设的重点：从幼儿的年龄特点、发展需求和兴趣爱好以及课程的目标和进展情况等方面综合考虑，寻找结合点和切入点，挖掘潜在的墙饰内容。如在"团团圆圆过中秋"的墙面环境创设中，随着主题活动的开展，逐渐将幼儿调查到的"调查表""主题活动照片"统一布置在某一墙面上，形成有逻辑的、有连贯性的主题展示，让幼儿对该主题活动的全过程一目了然。

2. 探究式

探究式墙面：一般记录了幼儿探究活动的过程和发现，与主题式墙面有着截然不同的作用。

在探究式墙面环境创设中，一方面教师可以提供多种探究工具和记录工

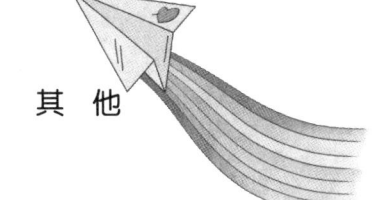

具,另一方面,可以通过师幼合作的方式挖掘探究内容。

3.作品式

无论在常规活动中还是在主题活动中,都会有相应的绘画、剪纸、折纸作品产生,以往我们会将幼儿的作品展示在作品袋中,或者让幼儿带回家。但在新理念的指导下,幼儿作品的展示从单一趋向于多元,因此,需要作品式墙面。

对于幼儿来说,在作品式墙面环境创设中,为幼儿提供的区域要简洁化,并且留白的墙面要尽量低,符合幼儿的身高。教师可以利用KT板和蘑菇钉初步创设留白墙面,KT板和蘑菇钉的结合可以方便幼儿将自己的作品展示在墙面上。对于悬挂式作品,教师则可以提供架子、钩子等工具。如在"我是中国娃"主题活动作品展示中,教师在布置中国地图时将高度降低,并提供相应的工字钉,让幼儿能在空余时间将自己的作品根据省份进行上墙展示,在上墙过程中,幼儿间的互动也能将知识共享化。

(二)在交流互动方面,"多元"而"暗隐"

1.搭台法

搭台法,意如其名,教师为幼儿创建一定的平台,吸引幼儿积极主动地参与。

搭台法的运用,使得幼儿在个别化学习中,对问题、发现的记录有了质和量的提升。对于高度较低的展示板,幼儿也能主动参与和填充。

2.留白法

留白法指在班级墙面环境中,特别是作品式、主题式墙面中,为幼儿作品提供展示的平台。留白法浅显易懂,可以充分调动幼儿参与的积极性,并且给予幼儿极大的成功感和自信心。如在美术区展示墙面上增加画框和工字钉,随着每一次个性化学习的展开,幼儿会主动将自己的作品布置在墙面上进行展示。

3.暗示法

暗示法,即通过潜移默化来影响幼儿,如教师将准备好的记号笔、白纸放置在自然角的隔断上，方便幼儿及时将观察中遇到的问题和发现记录下来。暗示法在一日生活中能够随时随地支持幼儿创设，促使幼儿积极参与。

（三）在主体参与方面，"自主"而"积极"

1. "小主人"——动"脑"

小主人策略：在班级墙面环境创设中，教师征询幼儿的想法，让幼儿自己做主，能极大地体现幼儿的自主性。虽然幼儿参与布置的墙面会比教师独立完成花费更多的时间和精力，但就教育效果而言，不仅提高了幼儿的兴趣和创造性，也真正体现了墙面环境对幼儿学习的助推作用。

2. "小蜜蜂"——动"手"

小蜜蜂策略：把教师创设变为幼儿创设，能让幼儿做的都让幼儿参与，让幼儿在班级墙面环境创设中，做一只勤劳的小蜜蜂。例如，学习材料的收集、展示，学习留痕的挑选、张贴等，都是幼儿可以做的事情，可以促进幼儿养成主动收集学习材料的习惯。

3. "小伙伴"——动"情"

小伙伴策略：在班级墙面环境创设中，教师和幼儿为合作关系，教师也可以做幼儿的小助手，为幼儿的想法提供可能性的材料，引导幼儿主动与墙饰互动，帮助幼儿唤醒已有经验。

（四）在同步学习方面，"承前"而"启后"

1. 同步呈现

在班级墙面环境创设中，创设滞缓是一个极大的问题，由于工作的琐碎，教师极易忽略墙面环境的更新。对于同步呈现，教师要给予一定的重视。

同步呈现在主题式墙面和作品式墙面中最容易体现。墙面随着主题的开展而进行相应的创设，创设主体为幼儿，教师可以把活动中的材料交给幼儿，幼儿可以根据自己的想法对主题墙和作品墙进行布置。

2. 前后衔接

前后衔接策略意味着承上启下，过渡变化。

其 他

墙面创设的内容不是一成不变的,可以随着主题、季节以及幼儿的需要进行交替变化,在前后衔接的过程中,教师要为幼儿提供更多参与活动的机会和条件。

3. 学后留痕

学后留痕,意在作品的呈现要与主题活动同步开展,教师要为幼儿提供支持,促使幼儿积极将作品布置在墙面中。

随着"四要诀"的实施,对幼儿而言,凸显了他们的主观能动性;对于教师而言,实现了平等教育,幼儿主观能动性得到了最大化的发挥;教师在教育的过程中逐步将自主、合作、商量还给了幼儿,且避免了教室环境的成人化,实现了教室墙面环境布置的平等化;对于课程建设而言,重视教室墙面环境布置与学习同步的价值,使墙面作为幼儿一日生活中无声的老师,推动同步学习进度。

浙江省海宁市实验幼儿园教育集团实验幼儿园　李燕琪

利用"活动卡"提升幼儿自主探究

案例描述

在大班科学活动"怎样让热水变冷"中，教师为每组幼儿投放了两张记录表，让幼儿合作记录热水变冷后的温度。因每组有六名幼儿，只有两名幼儿可以做记录，其他四人或是看别人记录，或是处于游离的状态。

一、背景

《纲要》明确指出，科学领域的教育应为幼儿的探索活动创造宽松的环境，让每个幼儿都有机会参与尝试，支持鼓励他们大胆提出问题，发表不同的意见，学会尊重他人的观点和经验。同时，《指南》也指出，幼儿科学学习的核心是激发探究兴趣，体验探究过程，发展初步的探究能力，教师要支持和鼓励幼儿在探究过程中积极动手动脑设法验证，寻求答案、解决问题。

在《纲要》和《指南》的指导下，我们认识到科学探究活动更关注对科学精神和探究能力等能够使幼儿终身受益的品质的培养，强调让幼儿实际参加探究活动，亲历研究过程；让幼儿真正面对真实，向真实发问，与真实接触。在这样的科学探究活动中，幼儿是主动的探究者、研究者、发现者，是知识经验的主动建构者。他们有自己感兴趣的问题，有自己的假设、猜想，可以用自己的方式和路径进行验证，用适合自己并便于与他人交流的方式记录，得出自己的结论，在讨论中质疑、交流，由此可见，自主探究是幼儿学习科学、培养科学素养、体验科学精神的重要方式之一。

科学区活动卡是幼儿根据活动卡上的提示，通过实验、观察、探索，把自己的所见、所想、所得，用不同的形式或独特的语言，加上自己丰富的想象记录下来。通过活动卡可以促使幼儿更细致地观察，更认真地思考，使他们通过个人、同伴、集体等多种方式，将零散的知识、经验系统规范化。在一次次记录与实验的对比中，促进自主探究能力的发展，调整自己的认识，形成自己的科学认知并积累相关的经验，为最终形成科学的概念，认识科学的规律奠定基础。

实践中可能存在的一些问题：

▶ 教师方面

◇ 滥用活动卡

没有正确把握好活动卡的使用时间和方式，忽视活动卡的教育功能；有些活动卡的使用妨碍了幼儿的探究，难以促使幼儿进行思考建构。

◇ 活动卡的设计不合理

由于教师的教学水平和能力不同，对内容的选择可能存在不合理之处，从而导致活动卡的设计不合理，幼儿记录缺乏有效性。

◇ 记录形式单一

教师提供给幼儿的记录方式相对单一，多数是让幼儿通过绘画进行记录，其实还可以让幼儿用简单的符号表示需要记录的内容。

▶ 幼儿方面

◇ 为记录而记录

部分教师认为所有的科学活动都需要记录，从而导致幼儿为记录而记录，降低了幼儿对科学探索的兴趣。

◇ 无从记录

有些科学实验活动的过程相对复杂，让幼儿完整记录实验过程难度相当大，有些实验更是很难用绘画再现，这样的科学记录成为了幼儿的负担。

二、措施

（一）合理投放活动卡，有效支持幼儿探究

《纲要》指出，幼儿的科学教育内容应从身边取材，包括探究和认识

植物、关爱和研究动物、体验和了解材料、经历探究过程、发现事物间关系、尝试使用工具、感受天气变化、发现自然奇妙等。事实上，并不是所有科学内容都需要用活动卡，活动卡的运用更多的是用于事物的变化和事物的关系上，活动卡的科学内容可以制定为：

1. 探究和认识植物

引导幼儿观察、探究周围环境中的各种植物；引导幼儿护理自然角，自己种植园中的植物，记录植物的生长变化和他们的发现。

2. 关爱和研究动物

引导幼儿与小动物实际接触，通过对它们的观察、饲养和照料，获得动物生长、行动、进食等方面的信息，小动物与环境的依存关系，积累相关经验。

3. 感受天气变化，发现自然奇妙

通过多种有趣的方式，了解、记录、报告、预测和感受天气的变化，发展幼儿对环境和天气的适应能力，发现自然界的变化和奇妙，激发幼儿对自然界的好奇心和探究的欲望。

4. 经历探究过程，发现事物间关系

自然界的物体在相互作用时会出现一些基本特点和相互关系，如浮力、摩擦力、磁性等，幼儿通过亲身探索、实验、操作和记录，能发现其中蕴含的科学奥秘。

（二）精心设计活动卡，鼓励幼儿自发探究

1. 封闭式

活动卡中呈现科学实验方法，幼儿只要通过操作验证实验是否成功，再用一些简单符号或简笔画形式进行记录即可，如成功用"√"，不成功用"×"或是用笑脸和哭脸等表示。如下表的中班科学活动"会转动的荷花"中，请幼儿大胆挑战自己，用自己的方式进行表达。

中班科学活动——会转动的荷花

荷花	你成功了吗？
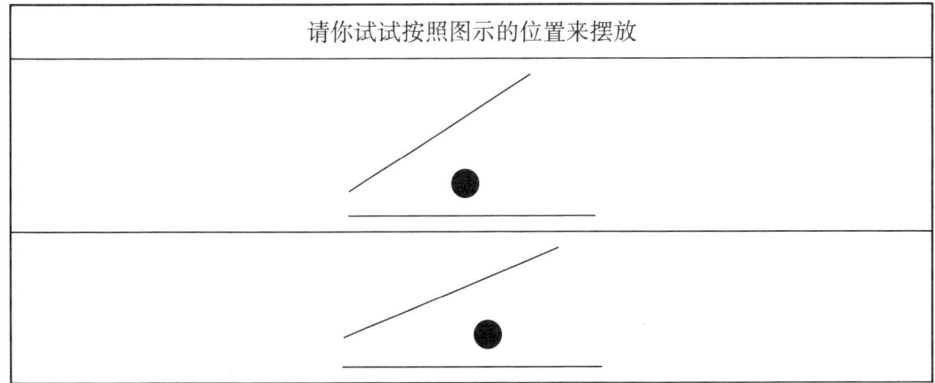	

2．半开放式

活动卡中提供多种材料，让幼儿通过猜测和动手实验来验证，通过记录有助于幼儿将原有的认识与当前的操作结果相比较，调整原有的认知。教师也可以在活动卡上增设一栏具有留白性的问题，如"你有什么发现"等，促进幼儿主动建构新经验，了解更多的观点和不同的发现。如下表的大班科学活动"镜子游戏"。

大班科学记录表——镜子游戏

请你试试按照图示的位置来摆放

（续表）

请你试试按照图示的位置来摆放
还可以怎么摆？
做了这个实验你发现了什么？

3．全开放式

大班中后期的幼儿思维广度和深度明显增强，能认识到事物之间简单的逻辑关系，他们的绘画技能也逐步提高。教师可以根据科学内容引导幼儿围绕观察目的提出有针对性的问题，让幼儿用自己的语言表达自己对科学探究的发现，促进幼儿有效选择记录内容，明确记录要点。如下表：

记录人：　　　学号：

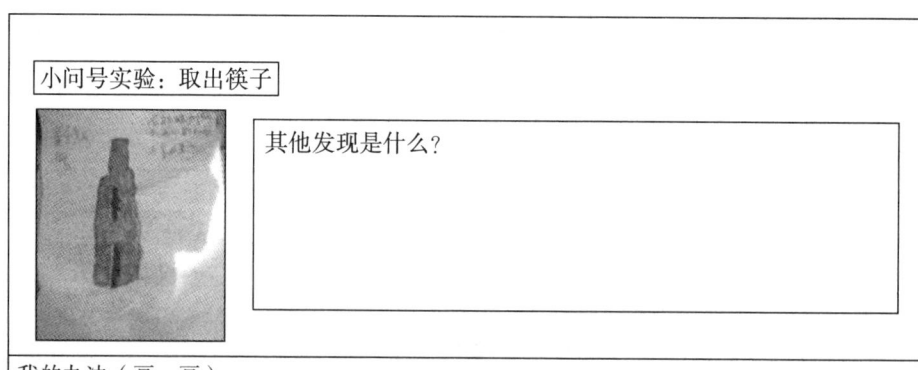

（三）多样化方式投放活动卡，支持幼儿深入探究

大班幼儿的探究能力和探究意识较强，能观察到事物的发展及其间的关系，这些相互关系使幼儿感到奇妙无比，促使他们将解决问题的兴趣转化为

内在动机。教师若能有效地支持幼儿解决问题，激发幼儿持续观察的兴趣，增强幼儿内在的记录动机，就能很好地提高幼儿记录的有效性。

1. 问题引发，适宜投放——更具情境性

幼儿真正的主动探索和学习是从问题开始的，只有当幼儿有了疑问，并产生想寻求答案的愿望时，主动探究才真正进入准备状态。如"小问号"活动鼓励幼儿将日常生活中碰到的不能解决的问题记录下来，然后与同伴进行交流共同解决问题。我们发现，很多幼儿的"小问号"非常具有探究的价值。这要求教师不仅要提供丰富的相关探究材料，也可以提供适宜的"活动卡"再现幼儿探究的过程，在具体情境中获取知识，体现知识的情境性。

2. 过程引发，支持探究——更具建构性

《指南》指出，幼儿的科学学习是在探究具体事物和解决问题中，尝试发现事物间的异同和联系的过程。

我们发现幼儿在探究中会生成新的探究问题，而这"新的探究问题"又会产生新的探究欲望，从确定中寻找不确定性。作为教师，可以再次提供丰富的相关探究材料和适宜的"活动卡"，层层递进再现幼儿的探究过程，梳理探究的经验，体现知识的建构性。

（四）多元指导运用活动卡，不断提升幼儿探究能力

1. 记录的多样化

记录形式能形象地体现幼儿观察活动的"记录语言"，形象生动的"记录语言"不仅能再现幼儿观察探究的过程，还能让幼儿领略观察探究的乐趣，获得更多经验，进一步促进幼儿持续观察和记录能力的发展。

大班幼儿已具备一定的记录经验，他们能简单地运用符号、图象、标记等方法进行记录，因此丰富幼儿的记录形式尤为重要。

（1）图像表征式

图画是幼儿非常喜欢和熟悉的形式，每个幼儿的图画都表现了他们不同的内心感受。我们可以选择从运用简单的图画进行记录入手，鼓励幼儿大胆地用自己的图画来记录观察到的事物与现象。

（2）简单符号式

大班幼儿对符号有着自己的独特认知，教师提供给幼儿简单的符号，不仅是为了引导幼儿做简单的记录，更是为了激发幼儿创造自己独特的符号去自主记录的意识。如下图：

大班"磁力小车"

N——N	
S——S	
N——S	
你还发现了什么？	

（3）间接补充式

根据实际需要，教师在有些记录活动中可给幼儿提供一些半成品或成品，引导幼儿来做补充记录。

（4）数字统计式

大班幼儿对数字已经很熟悉了，对于有些科学小实验，可以尝试用数字来记录。

2. 运用的延续性

科学活动中让幼儿做记录，是为了促使幼儿更细致地观察与更认真地思考，从而在一次次的记录与实验的对比中，调整自己的认识，自我建构科学知识和经验，为最终形成科学的概念奠定基础。

（1）类似内容的延续——更具普遍性

在自然、生活事物和现象中，存在着普遍的规律，教师可以根据其共同的特点提供相应的"活动卡"，让幼儿一次次如实地将类似的观察探索过程记录下来，通过观察、比较，发现问题、分析问题，使他们将零散的知识经验系统化，发现事物的共同特征与普遍规律。

（2）过程发展的延续——更具辩证性

在自然、生活事物和现象中，有很多具有周期性和长期性，事物的发展变化有一定的过程性，不可能在短期内让幼儿发现事物的发展变化，同时很多科学现象在量的渐进过程中会发生质变，事物会从一种质态向另一种质态转变，因此幼儿的知识建构也具有一定的阶段性。由此，教师提供的"活动卡"，也应该呈现一定的阶段性。幼儿通过记录，发现事物的变化，把抽象的信息变成具体的图表，通过比较、分析，调整原有的认识。

总之，科学活动中的记录在幼儿活动中具有重要的意义，它能有效培养幼儿实事求是的科学态度，锻炼幼儿独立操作的能力，使幼儿养成善于发现问题、解决问题的良好习惯。我们应科学运用记录，提高幼儿的探究能力，让幼儿在记录中学会思考、学会学习。

浙江省海宁市实验幼儿园教育集团实验园　朱琳

让音乐"串联"一日生活的每一处

案例描述

琪琪是小三班的一个男孩,调皮、叛逆、好动、机灵。开学初教师对他的印象就是:始终不能安静入睡,一到午睡就紧皱眉头,教师一问原因,他就嚎啕大哭,不但哭声惊天动地,而且还手舞足蹈、拳打脚踢。为此,教师提醒过琪琪很多次,试图让他能够正常午睡,避免午后疲劳,可是没有一次是成功的,这让教师伤透了脑筋。

一天,用餐前幼儿们在厕所洗手,回来后,教师特意问了一下琪琪:"琪琪,你洗手了吗?"因为之前琪琪都没有洗手的习惯。

"我洗了,老师你看看我的手是湿的。"说着琪琪伸出了双手。

教师一摸,手果然是湿的,于是表扬了琪琪的进步。

琪琪正准备转身拿筷子,旁边的小胖告状:"老师,他没有洗手。"

"我洗了,手是湿的。"琪琪立马狡辩。

教师重新检查琪琪的手,发现小手还是脏的。

"琪琪,到底怎么回事,要讲实话哦。"

"他就摸了一下水。"小胖在旁边补充道。

琪琪见瞒不过,只好做了个鬼脸,跑开了。

一、背景

幼儿期是培养良好行为、习惯及性格的重要时期,可以以陶行知先生的教育思想为指导,培养幼儿良好的行为习惯,在生活和活动中融入行为习惯

其 他

培养,"在做中融入教,在做中融入学,将教学做融合为一",以此促进幼儿身心健康和谐成长。

小班幼儿处于刚入园阶段,对规则意识较模糊,没有概念,让具体形象思维占主导的小班幼儿强行记忆教师简单的常规说教是不太可行的。这就需要教师做到有效引导和常态化教育,让小班幼儿在尽快适应幼儿园生活的前提下,逐步建立和完善常规习惯,让习惯成自然。若能用音乐作为手段帮助幼儿建立良好的常规意识,不仅可以减轻教师的工作,还能让幼儿形成条件反射,自觉完成相应的活动。如此一来,幼儿在适应幼儿园生活,强化规则意识,养成良好常规习惯的同时,更能在轻松、愉悦的氛围中记住常规并内化为习惯。

二、措施

(一)节奏的适时,使常规教育"游戏化"

教师可以借助音乐的节奏,运用情感交流与肢体语言相结合,给幼儿营造轻松、愉悦的心理环境,让幼儿在"玩中学""学中玩",体现常规教育的愉悦性。但音乐的节奏是千变万化的,什么样的节奏能让幼儿朗朗上口、喜闻乐见呢?对于刚入园的幼儿来说,积极、欢快的音乐可以使幼儿一进班就会有较好的心情,并且随着欢快的音乐与教师、同伴打招呼,很快就会消除分离焦虑。

(二)适时的音乐,将常规用音乐唱出来

在很多时候,我们想让幼儿养成良好的常规教育,单纯的说教是不起作用的。我们可以找点幼儿喜欢的儿歌,把小班幼儿接触的常规教育用儿歌唱出来,也可以把常规填进儿歌里。如:幼儿在进行盥洗活动时,教师可以自行编制盥洗儿歌:"先用清水冲一冲,然后关紧水龙头。再打肥皂搓一搓,直到泡泡都来到。最后清水洗一洗,做个干净好宝宝。"这样不仅可以为单调重复的盥洗活动增添乐趣,也有助于幼儿在唱儿歌的同时掌握正确的盥洗方式,养成良好的盥洗习惯。

(三)固定的环节,播放固定的音乐

1. 收拾材料,跳动的音符提醒幼儿学会整理和等待

3~4岁的幼儿正是规则培养的最佳时期。给幼儿树立规矩,一定要注意语言的简短、精练、条理清晰、便于记忆。对于小班的幼儿来说,用音乐提醒更有效。如《玩具兵交响曲》,可以选取其中好听的音乐代替教师的提示,等幼儿形成习惯,听到这个声音就会自觉地收拾材料,有助于幼儿规则意识的养成。

2. 轻松愉悦的进餐环节

在幼儿进餐过程中,可以放一些舒缓的轻音乐,然后加上教师创编的导语,就可以为幼儿提供一个轻松愉悦的环境,有助于幼儿保持愉快的心情,也可大大提升幼儿的审美情趣。

3. 安静的午睡环节

午睡音乐的选择一定要幽静、缓慢,能帮助幼儿摆脱繁杂的思绪,加快睡眠。教师可以用音乐欣赏的方法,用愉快的情感感染幼儿,消除幼儿的焦虑,使幼儿能尽快入睡,从而为养成他们独立入睡的午睡习惯做好情绪上的铺垫。

4. 有序排队的环节

在吃完饭散步或者排队放学时,如何让幼儿快速排队且知道相应的常规呢?在告诉幼儿相关要求时,教师可选择与活动有关的乐曲,在音乐中加入一些引领性语言效果会更好。如在《我叫小小解放军》中加入一些指导语:"老师在前面不远的地方发现了情况,请解放军赶紧排好队,我们一起去查看一下。解放军慢慢走,不推也不挤。"这样幼儿在最短的时间内能够迅速地把队伍排好,从而渐渐养成听音乐自觉排队的好习惯。

(四)提高幼儿的音乐素养,共同创编常规音乐

在小班第二学期中,教师可选择相关音乐让幼儿试听,调动幼儿的积极性,对音乐熟悉了解之后可与幼儿一起讨论,引导幼儿积极创编音乐。如《天鹅》这首乐曲,教师可以问幼儿:"小朋友们觉得这首乐曲用来做什么事情比较合适?"幼儿协商后,教师再次提出要求:"听到这首乐曲后,你的动作应

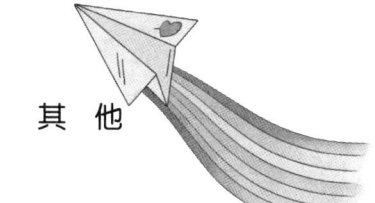

其 他

该怎样？声音应该怎样？"以此强化幼儿的规则意识。

总之，把音乐和语言完美结合，教师的一个眼神、一个手势就可以传递给幼儿有价值的信息，让幼儿很快理解教师要表达的意思。将音乐"串联"在一日生活中，让音乐来替代教师的口头指令，不仅能减轻教师的工作量，长期坚持下去能够使幼儿形成一种条件反射，听到某段特定的音乐，会自主进行相应的活动。这既培养了幼儿良好的常规习惯，更能让他们在轻松、愉悦的氛围里感受一日生活的游戏性和趣味性。

江苏省如皋市江安镇东燕幼儿园　李飞飞

一日生活促交往

案例描述

区域游戏开始了,浩浩和坤坤几个小伙伴来到了建构区,柜子里面的两块半拱形积木很像枪,经常被男孩子拿来作为增加攻击力的"武器"。这次,浩浩拿了一堆积木开始搭建房子,陆续又有一些幼儿将柜子里的积木取走。

瑶瑶进入建构区以后,柜子里的积木所剩无几,她将剩余的几块积木在地上翻来覆去地摆弄着。

过了一会儿,房子搭建完成,浩浩拿起了身旁的半拱门积木放在建筑的最顶端,然后对着搭好的作品看了好一会儿,觉得作品不太对称,于是开始寻找另一块半拱门积木。

这时,柜子已经空了,浩浩发现在瑶瑶手里有另一块半拱门积木,于是走到瑶瑶面前说:"你能把你的'枪'给我用一下吗?"

瑶瑶看了看自己的积木摇摇头,浩浩继续说:"你把你的'枪'给我用一下吧。"

瑶瑶仍然拒绝,浩浩继续说:"你看我的房子上只有一个'枪',应该一边一个才厉害呢。"

瑶瑶犹豫了一下还是拒绝了。

浩浩不放弃,继续说:"我一会儿就还你。"

瑶瑶仍然不同意。

浩浩有些不耐烦了,从瑶瑶手里抢过"枪"走了,瑶瑶坐在垫子上哭了起来……

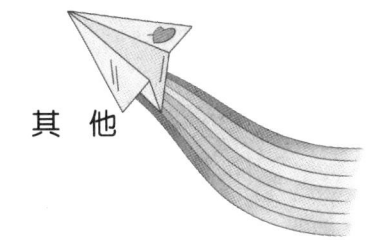

其 他

一、背景

集体教学、区域活动和日常生活三方面构成了幼儿园"一日生活","一日生活"是幼儿园课程实施的重要途径。在幼儿教育中,教师应该运用科学方法,充分挖掘生活资源,让幼儿在"一日生活"中学习更多的知识,让他们从"一日生活"中走向社会。

在幼儿园的"一日生活"活动中,幼儿可以通过参加活动,有效地避免自理能力不足等自身的缺点,通过教师的引导和带领,逐渐形成对社会的认知感,面对社会时会很快适应,既能进行自我保护,又能为社会做出贡献,实现自身的价值。

二、措施

(一)有奖问答,渗透自护意识

当今社会,普遍的家庭结构模式为"2+1",即一对父母和一个子女,这种家庭模式使得很多幼儿在家长的保护下,缺乏自我保护意识,往往危险来临时,无法进行及时、有效的自我保护,在毫无防备的情况下受到意外伤害。面对这种情况,教师可以在"一日生活"中与幼儿进行互动,采取有奖问答、互相提问等方式向幼儿渗透自我保护常识,使幼儿能够在潜意识中形成自护意识。

如利用多媒体资源在互联网上找到一些适合于3~6岁幼儿的自护知识,然后将这些知识变成一个个小问题,通过彩色的小卡片剪成小马、小牛、小兔子、小鱼等小动物形象,在小动物背面写上问题,让幼儿依次抽取自己喜欢的小卡片,根据小卡片上的内容回答问题,对回答正确的幼儿进行表扬,奖励小红花或者小苹果。通过这种有奖问答的方式,使幼儿在思想中逐渐形成自我保护的意识,面对危险时能够及时采取正当方法保护自己。

处于3~6岁年龄段幼儿的心智正处于发育时期,这时对幼儿进行正确的引导,对危险情况或者危险信息进行模拟,渗透危险知识,能够及时地使幼儿增强自我保护能力。

(二)互动游戏,提升交际能力

在幼儿园中,户外活动是最常见的互动游戏方式,而传统的互动游戏只能够保证幼儿在活动期间免于受到身体上的伤害,对于思想上的引导和启发往往被忽略。教师可以借助"一日生活",针对幼儿的身心发展,通过有趣的互动实践,有意地锻炼幼儿的社会交往能力。

如组织幼儿进行"跳蚤小市场"活动。活动前,教师可以发动幼儿准备3~5件自己不用的玩具作为"商品",活动中遇到自己喜欢的东西时,拿自己的商品与对方交换。在交换过程中,幼儿能够充分表达自己的想法,幼儿的交往能力和语言表达能力在交流中得到了锻炼。

在幼儿教育中,全面抓住幼儿的身心发展是达到教育目标的重要方面。在实际的教学中,我们不仅要向幼儿传授知识,更要将生活以及生存的能力传授给他们,使他们在增长知识的同时增加生活阅历,将来能够面对更艰难的挑战。

(三)角色扮演,激发丰富情感

幼儿教育多以感性为主,教师可以抓住幼儿的身心发展对事物的感触多停留在情感上,对理性的分析十分匮乏这一特点,组织幼儿开展角色扮演小活动,让幼儿在小活动中激发出丰富的思想感情。如选取一些助人为乐的小故事,让幼儿自己发挥想象进行表演,培养幼儿在潜意识里形成乐于助人的好习惯,这既有效地对幼儿进行了良好行为习惯的教育,也丰富了幼儿的游戏情节,并激发与丰富了幼儿的情感和内心世界。

作为一名幼儿教师,在实际教学中,多以幼儿为主体,认真思考、研究幼儿的内心世界,将幼儿感兴趣的又对其身心健康有帮助的知识融入到"一日生活"中,创设学习情景,激发学习兴趣,启迪幼儿思维,使其主动学习新知识。在教育教学过程中,教师要规范自身的言行,明辨是非善恶,首先使自己成为一个品德高尚的人,同时这也是教师肩上的责任与使命。

江苏省淮安市合肥路幼儿园　陈岸月

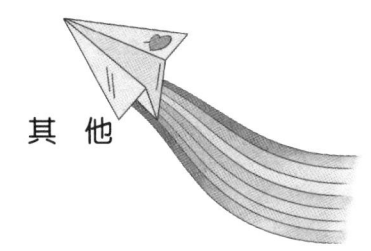

其 他

☀ 让幼儿在冲突中成长

案例描述

菁菁是我们班的小妹妹,每当想玩儿哥哥姐姐手中的玩具时,哥哥姐姐总会谦让她,遇到困难时,也会主动帮助她。

一天,菁菁和晨晨早早来到了幼儿园,她俩先玩儿了会儿玩具,然后又去娃娃家,玩儿起了过家家的游戏。在分配角色时,晨晨很自然地当上了妈妈,菁菁只能当宝宝。

游戏开始后,晨晨拿着拼插玩具当餐具,一会儿切菜,一会儿炒菜,一会儿给菁菁喂饭,而菁菁一直坐着,无所事事。

菁菁看晨晨拿着餐具一会儿切蔬菜,一会儿给宝宝喂饭,非常好玩儿,就去抢晨晨的玩具,没有抢到,自己就哭了起来。她坐在晨晨旁边,脸上一副委屈的表情,一边哭一边不停地说:"我要玩儿,我要玩儿。"而晨晨仍是没有搭理菁菁。

菁菁寻求我的帮助,我蹲下来抱着菁菁问:"是不是想玩儿玩具啊?"

菁菁点点头。

我接着对菁菁说:"你要把自己的想法告诉晨晨。"

菁菁回到娃娃家,眼里含着泪水对晨晨说:"晨晨,我也想玩儿玩具。"

晨晨听了之后,仍在专心炒菜,没有搭理菁菁。

片刻之后,晨晨将做好的饭菜让菁菁摆在餐桌上,然后又让菁菁摆餐具,一下子菁菁忙碌了起来,忘记了刚才的不快,积极参与到游戏中。

一、背景

俗话说"天上下雨地上流，小孩吵架不记仇"。幼儿因年龄小，控制力、是非判断能力差，缺乏一定的人际交往技巧，小脸就像夏日里的天气，动不动就"变脸"，一会儿和某个小朋友好得如胶似漆，一会儿又针尖对麦芒，这都是幼儿在与同伴交往中的正常现象。

幼儿之间的冲突，有可能是一方无意或不小心干扰了另一方的活动，或因争抢同一玩具、材料，或因幼儿不会表达、不会与人交往，或缺乏一定的规则意识，或为达成一定的目的直接采用打人、咬人等简单粗暴的方式等。《指南》指出，人际交往和社会适应是幼儿社会学习的主要内容，也是其社会性发展的基本途径。冲突是幼儿在交往过程中不可避免的事情。当幼儿发生冲突之时，教师应该冷静客观，给幼儿充分的时间和空间去发挥自己的能力，尝试着让幼儿自行解决矛盾，让幼儿在冲突中学会宽容、谦让、协商、合作、互助、等待等。

二、措施

（一）相信幼儿，让幼儿在冲突中学会自己解决问题

成人对幼儿之间的游戏总会有很多的顾虑，担心幼儿在游戏中因发生冲突而受伤。因为这份担忧，成人经常会剥夺幼儿面对冲突、解决冲突的机会，最终阻碍了幼儿的成长。

当幼儿在游戏中发生冲突时，教师首先要进行观察，不要急于干涉。在确定幼儿不会受伤的前提下，要相信幼儿，把解决问题的机会留给幼儿。如案例中，尽管菁菁是班级里的小妹妹，大家习惯了让着她，但她遇到困难的时候，教师仍然没有急于插手，而是鼓励她把自己的想法告诉晨晨。当菁菁发现哭解决不了问题，却又不知道如何解决问题时，便不再哭闹，而是选择等待。幸好炒完菜的晨晨让菁菁帮忙摆饭菜和餐具，及时把菁菁拉回游戏中，二人共同体验到了游戏的快乐。

因此，在面对幼儿的冲突时，教师首先要识别其安全指数，在能够确保

其 他

幼儿人身安全的前提下,要相信幼儿有能力和智慧来面对和解决冲突,并大胆放手,细心观察,而不要因为一次无效的介入让幼儿失去在冲突中成长的机会。

(二)善于发现,挖掘教育契机

幼儿之间的生活琐事,既可能使幼儿获得多方面学习与发展的机会,也可能仅仅是一场无意义的日常冲突,而这类琐事向哪方面发展关键取决于教师的专业水平,取决于和幼儿互动的成人。《纲要》指出,要善于发现和保护幼儿的好奇心,引导幼儿通过观察、比较、体验等方法,学习发现问题、分析问题和解决问题;帮助幼儿不断积累经验,并运用于新的学习活动,形成受益终身的学习态度和能力。因此,教师要善于发现,及时挖掘教育契机,让每一次冲突变得有意义。

一日生活中蕴藏着巨大的教育价值,教师要善于发现、合理利用这些价值,帮助幼儿学习交往技能与知识、语言技巧等,让幼儿在一次次冲突中进步。面对游戏中关于角色的冲突,教师应给幼儿创设一个温馨、安全的环境,让幼儿大胆表达自己的初衷,幼儿就会在解决问题的过程中获得新经验。例如,案例中菁菁想玩儿玩具但又不知道如何解决的时候,教师通过观察,了解到是因为菁菁没有说出自己的想法,于是在菁菁寻求帮助的情况下,教师鼓励她对晨晨说出自己的想法。相信通过这件事情,菁菁以后再遇到类似的情况,就会开始学习自己解决问题。

山东省莱阳市实验幼儿园　王海荔

做有责任的"值日生"

案例描述

午餐结束后,教师请今天的值日生露露和昊昊维护班级卫生,露露和昊昊开始分配并认领自己的工作。

在值日生工作的过程中,露露拿起一块抹布在桌子的一角来来回回擦了好几次,却还是没有将桌上的饭粒成功地收到餐盘中。这时,昊昊走过来对露露说:"你要从桌面的外面向里面擦,才能把饭粒收集在一个地方,这样才能把桌子擦干净。"

露露听后,说知道了,却没有按照昊昊的方法操作。而昊昊站在旁边看了一会儿,对着露露摇摇头,去干别的事了。

露露又擦了几次,比较满意,然后去送餐具,但实际上桌面上仍留有很多饭粒。

一、背景

培养幼儿的任务意识是大班幼小衔接课程中最为重要的一项内容,大班作为培养幼儿任务意识的关键期,教师应建立提升幼儿任务意识的平台,激发幼儿进行自我管理、服务同伴的愿望。

任务意识,是指在心理上具有努力完成别人交给的任务的意识或倾向。5~6岁幼儿对事物已经开始有了比较稳定的态度,能较好地建立起社会规则与自己行为的联系,并重视成人对自己的评价。因此,树立一定的任务意识,可以摆脱他们对成人的依赖,克服将来由于环境的改变而产生的不适应。

一直以来，常规的值日生制度不是特别的理想，大部分幼儿喜欢做值日生，但在做值日生的过程中往往不知道该做哪些事，有的幼儿面对任务则是三分钟热度不能坚持；更多的幼儿在遇到困难时会推诿、等待、不知所措，等等。

二、措施

（一）多种形式，激发动机——前期准备

在星级值日生活动开始初期，可以采用以下几种形式，意在激发幼儿参与活动的积极性。

1. 故事形式

讲述故事可以给幼儿带来两方面影响：其一，对曾经有过值日生经历的幼儿具有"唤醒"功能；其二，对没有值日生类似经历的幼儿具有预习的功效。幼儿听了故事后，了解到了星级值日生应该做什么、不应该做什么，以及怎样才能较好地完成值日生工作。

2. 讨论形式

教师可以组织幼儿在班上开展"值日生怎么做"系列问题的集体讨论活动，通过集体讨论和教师的引导，幼儿有了明确的方向和正确的认识，语言表达能力、思维的分析、概括能力也会有一定的发展。

3. 图文形式

幼儿根据自己的想法画出"值日生"任务图，教师以图片的形式呈现在墙面上，并配上一定的文字说明，供幼儿自我认识与督促，建立初步的任务意识。

4. 竞选形式

幼儿通过"演讲"的方式进行竞选，讲述参加竞选的原因以及作为值日生准备怎么服务大家。班级幼儿根据演讲者的表现以及对他的信任度选取心目中的"值日生"，教师根据幼儿的投票结果选取票数最高的幼儿为一周的"值日生"。这样的竞争方式不仅可以激发幼儿参与竞争的热情和动力，也可以

让幼儿明确自己的任务。

（二）推陈出新，搭建平台——过程管理

当幼儿建立起初步的任务意识之后，教师如何为幼儿搭建任务平台，以便充分发挥幼儿的主体性，促进他们更好地发展呢？

1. 细化任务内容，自主选择担当

每个值日生都有更好地完成任务的愿望，但如果值日生什么事情都要做，反而影响了任务完成的质量。所以，教师可以将值日生任务细化，分成不同的板块，让幼儿根据自己的能力以及特长选择任务，加强幼儿的自信心，也有助于提高完成任务的完整性以及调动幼儿主动完成任务的积极性。

2. 建立角色轮流，人人参与任务

《纲要》指出，应为每个幼儿提供表现自己长处和获得成功的机会，增强其自尊心和自信心。所以，教师应创设值日生角色轮流制，既满足全部幼儿尝试的愿望，同时能够挖掘不同幼儿在各方面的能力，有利于他们认同感的形成。幼儿可以通过担任值日生的角色，进行换位思考，感受其中的困难与乐趣，从而反思和调整自己的行为。

3. 加强自我管理，体会任务乐趣

幼儿的自我控制能力不强，当上"值日生"后，会有意识地严格要求自己，让自己符合值日生的标准。在这个过程中，幼儿对于自己的不良行为会努力去控制和纠正，这比教师的直接教育更有效。随着幼儿自我管理技能的提高，幼儿也初步具备了为他人服务的意识和能力。

4. 创建星级评估，激励调整任务

评价是幼儿园教育工作的重要组成部分，是促进每个幼儿发展、提高教育质量的必要手段。因此，对幼儿行为的评价是培养幼儿任务意识的重要手段和方法。为此，教师可以尝试开展"星级值日生"活动，就是幼儿根据自己在担任值日生期间的表现，依照评价标准逐个在值日生任务表上进行自我评价。这既可以增强幼儿的自信心，又可以为其他幼儿树立学习的榜样，从而强化幼儿的任务意识。

其　他

值日生任务表

时间＼评价内容	卫生管理	领操	新闻播报	班级纪律管理	餐前管理	餐后整理	生活环节管理	图书管理	午睡管理	完成数量
星期一										
星期二										
星期三										
星期四										
星期五										

评价标准（此评选一周一次，教师根据评选的结果为幼儿颁发星级奖章）：

① 良好：★★★　　能在规定时间内独立完成任务

② 一般：★★　　　需在提醒或帮助下完成任务

③ 未完成：★　　　不能在规定时间内完成任务

（三）强化意识，提升能力——效果分析

1. 管理能力得到锻炼

幼儿园教育是我国学校教育和终身教育的初始阶段，它要为幼儿一生的可持续发展打好基础，为幼儿适应未来社会发展变化打好基础。"值日生"让幼儿从小就懂得管理的必要性和策略的重要性，在反复尝试中获得了经验，树立起信心，为今后的发展奠定了良好的基础。

2. 交往能力获得提高

人是通过活动才与周围发生联系的，通过活动才能构成交往。"值日生制度"给幼儿创造了机会去接触同伴、教师，使幼儿学会了支持与关爱。在担任"值日生"的过程中，幼儿往往会遇到各种各样的困难，会产生大量的交往行为，在完成任务的同时幼儿的交往能力也得到了提高。

3. 表现能力获得发展

任务意识的形成激发了幼儿的自我表现能力，只有把自己具有的才能充分表现出来，才会取得大家的信任、支持。一个能力很高但又不被人们了解

的人,是很难赢得大家的信任与支持的,"值日生"活动给幼儿提供了表现自我、推销自己的机会,能够促进幼儿自我表现能力的发展。

4.多元评价得到体现

《纲要》对幼儿发展状况的评价提出了很高的要求。其中倡导的多元主体、多元视角、多种方式和多样内容的发展性评价方式,将成为今后教育评价中占主导地位的评价方式。

对于幼儿来说,多元化评价不光使幼儿从以往的经验中找到解决问题的合理方法,而且使幼儿的思维向着多元化方向进一步发展了,使幼儿更加了解自己、更加自信。

"值日生"活动充分发挥了幼儿认真、负责的态度,培养了幼儿良好的行为意识、习惯,促进了幼儿自信心与积极性的发展,更重要的是它转变了幼儿与幼儿之间的关系,提高了幼儿的服务意识与服务能力。这对于一些性格内向、不善表现的幼儿来说,是为他们提供主动与别人进行沟通、交流的机会,树立了他们在班集体中的自信心。

浙江省杭州市百合花幼儿园　王蔚骋

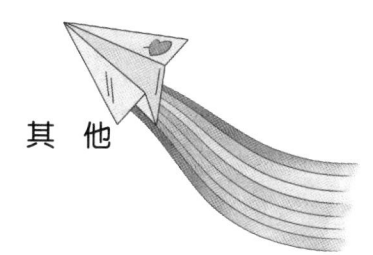

其 他

☀喜欢咬人的豆豆

案例描述

入园第二个星期的一天，吃好早点的幼儿在教师的提醒下陆续拿出材料自由玩耍。豆豆拿了一根魔尺，不一会儿工夫，小鱼哭着跑过来告诉教师说豆豆咬他手，手背上果然有一个带着口水的牙印。教师问豆豆为什么咬小鱼的手，豆豆不紧不慢地回答："他抢我的玩具。"

小鱼马上辩解："没有，我就看看，摸了一下。"

接着开始上课了，幼儿们的座位是不固定的，可以自由选择坐在哪里。这时，小粽子哭起来，说豆豆咬她的头发，头发上确实是湿湿的。教师问豆豆为什么咬别人头发，豆豆没有否认，说："我不喜欢小粽子坐在我前面。"

"那你为什么不喜欢小粽子坐在你前面？"

"就是不喜欢。"

豆豆上幼儿园第一天就不哭不闹，但对同伴却有咬人的攻击性行为。豆豆有时候会主动去抢别人的东西，还会故意搞破坏，然后以她自己的认知来分辨对错，还能够理直气壮地说出这样做的理由。当教师批评指出她的问题时，她总是表现出一副无所谓的样子。

一、背景

小班年龄段的幼儿以自我为中心，分享意识较薄弱。他们冲动性强，自制力差，往往不能与同伴友好交往，常发生纠纷须依靠成人的指导以协调交往。因此攻击性行为是这个年龄段幼儿普遍存在的现象，容易出现打人、抓人、咬人的攻击行为，这是由于小班幼儿的口头语言表达能力弱，他们说不清楚往往就会用动作来代替语言。幼儿社会性的发展既受年龄因素影响，又存在较为明显的个体差异。

二、措施

（一）改变家长教养观念

家长要从小教育，让幼儿明辨是非，明白哪些事情可以做，做了会受到大家的认可和表扬，哪些事情不能做，做了会带来不好的后果。当幼儿做了某件不对的事情时，家长不能随意批评几句就不了了之，要指出哪里不对，不笼统地说教。

（二）矫正幼儿攻击性行为

1. 常态化，勿强化

作为教师，我们不能因为害怕幼儿咬人而刻意将其隔离以杜绝攻击性行为的发生，刻意的隔离并不能彻底解决问题。其一，不能时刻将幼儿隔离，这是不科学的教育方法，阻碍了幼儿与同伴的交往；其二，越隔离越有可能强化幼儿的不良行为；其三，要多鼓励幼儿和同伴交往，使之常态化，当然，在这个过程中教师要时刻关注。

2. 明对错，重引导

首先，要让幼儿明确咬人是不对的，不为自己做错事情找理由，并敢于向同伴道歉；其次，要让幼儿清楚自己给同伴带来了伤害，如案例中豆豆咬伤了小鱼的手背，可以让豆豆看一看同伴手上的牙印，培养其责任意识，学会关心同伴；最后，引导幼儿遇到问题先克制自己，然后想办法解决问题。

3. 常表扬，少批评

教师要从幼儿的纵向发展来评价幼儿，不与其他同伴进行横向比较，看到幼儿的进步，要及时表扬，并不断强化。要经常发现幼儿的闪光点，对幼儿进行正面的表扬，而不是一味地批评打击。另外，可以让幼儿亲身感受自己不良行为导致的后果，远远比不断批评说教会更有效。

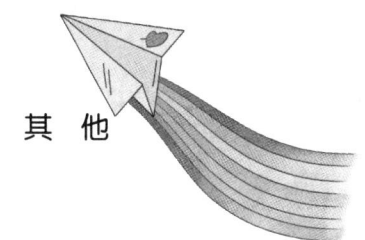

其 他

（三）促进同伴间的友好交往

1. 给予特权，培养分享意识

教师要善于发现教育契机，以此为切入点，培养幼儿的分享意识，从而促进幼儿与同伴间的友好交往。如案例中的豆豆，可以给予其分发玩具的特权，促进豆豆与同伴的初步交往，也可以鼓励豆豆分享自己的小零食，形成同伴间的分享互动。长此以往，友好的同伴关系就慢慢建立起来了。

2. 不贴标签，增强信心

无论家长还是教师，不能因为某种不良行为给幼儿贴上标签。要让幼儿明白，教师的否定只是在否定这个不好的行为，而不是否定幼儿本人。教师在矫正幼儿攻击性行为时，要具体问题具体分析，寻找问题出现的根源，积极采取真正对幼儿有效的干预措施。教师还要善于帮助幼儿树立在同伴心中的良好形象，并鼓励幼儿之间相互学习，增强自信心。

浙江省嘉兴市海宁市许村镇中心幼儿园　孙艳红

有了妹妹，也会快乐

案例描述

增增是出了名的调皮大王，时常欺负其他的幼儿，几乎每天都有幼儿找我投诉。一天，增增的妈妈来幼儿园接他，聊天之际增增的妈妈告诉我，自己怀了二胎。恭喜之外，我多了一份担忧：增增能做好大哥哥吗？

接下来我对增增多了一些关注，有一次听到他与小伙伴的对话：

"增增，你要有小弟弟了。"

增增不开心地说："不是弟弟，是小妹妹！"

"你怎么知道是小妹妹？"

增增回答："妈妈说的。"

"你要保护妹妹！"

"我才不要呢，我要打妈妈的肚子！"增增皱着眉头说。

我在一旁听了很震惊，而增增已被旁边的玩具吸引过去，我呆滞地望着增增的背影……

几天过去了，增增的话时刻回荡在我的脑海中。在一次文学创编活动中，我刻意留意了增增创编的诗，大概意思是：

星期一，我的愿望是爸爸妈妈带我去游乐场；

星期二，我的愿望是爸爸妈妈陪我睡觉；

星期三，我的愿望是爸爸妈妈带我去骑自行车；

……

星期天，我的愿望是爸爸妈妈不再看手机，带我去大草原！

其 他

这让我深深地感受到增增是多么希望能获得父母多一分的陪伴、多一分的关爱。

一、背景

自从二孩政策正式实施以来，不少大班幼儿有了弟弟、妹妹，虽然一些家长实现了"儿女双全，花好月圆"的美好愿景，但忽略了家庭中第一个孩子的情况屡有发生。这样的孩子原本是家庭的中心，但添了弟弟妹妹后，心理明显有了落差。

据调查，某教师在 2017 年带领的大班幼儿人数为 40 人，拥有弟弟或妹妹的有 15 人，其中有三组家庭和一孩沟通过二孩问题；2018 年该教师所带大班有幼儿 41 人，拥有弟弟或妹妹的有 22 人，其中有七组家庭和一孩沟通过二孩问题。这说明家长在"二孩问题"上与一孩缺乏最基本的沟通，导致幼儿对二孩的到来有抵触情绪。当幼儿长期处在"被忽略"的环境下，会逐渐失去安全感，导致情绪低落，甚至导致家庭矛盾不断升级。

二、措施

（一）教师的关爱

高尔基说过："谁不爱孩子，孩子就不会爱他，只有爱孩子的人，才能教育孩子。"作为教师，可以利用大班幼儿的责任心和荣誉感去帮助陷入"二孩问题"的一孩。教师可以一对一地和幼儿聊一聊有什么烦恼、有什么困惑，了解幼儿的内心想法和家庭动态，关注幼儿的情绪变化，特别是在弟弟、妹妹刚出生后，由于家庭关注度的转移，教师更需要给一孩"像妈妈一样的爱"，要像朋友一样主动给予他们关怀。一个充满爱意的拥抱、一个饱含鼓励的眼神都会让幼儿感到教师关心他、在意他、喜欢他，从而消除他们的交往心理负担。教师也可以在全班开展谈话活动，请其他幼儿谈谈自己的家庭乐趣、心里烦恼、内心希望等，让幼儿了解到有二孩的家庭其实有很多，不只自己一个，让他们在相互倾述与倾听中化解内心矛盾、释放失落情绪，缓解亲子关系。教师应充分利用幼儿在园的时光陪伴他们渡过适应期，适当地少一分指责、多一分理解，少一分批评、多一分包容，在引导和帮助中给予幼儿更多关爱。

（二）同伴的互助

除了教师的关怀，幼儿之间的倾诉与关怀往往是最质朴、最纯正、最能打动人心的，所以，同伴间的互助与陪伴也很重要，借助同伴的力量，可以起到事半功倍的效果。如班级每周可以在固定的时间开展一次"说心事"的自由谈话活动。让幼儿把近期的烦心事说出来，把二孩的趣事、糗事等分享给同伴，在好朋友的安慰和鼓励中寻回快乐和自信。同时也要让幼儿直面"二孩问题"，适时开展经验分享活动，让幼儿互相传授做哥哥姐姐的经验，学习如何照顾弟弟妹妹；帮助陷入"二孩困境"中的个别一孩，把焦虑转化为勇气，把问题转化为乐趣，体验作为哥哥姐姐的骄傲！

（三）家庭的温暖

个体心理学创始人阿德勒有一个著名的家庭排位理论："每个老大都会经历一段集全家宠爱于一身的时光，直到老二出生。对老大来说，老二就是来抢夺父母的爱的。而老二不一样，他们一出生就有了哥哥或姐姐，对分享父母的爱有着很高的接受度。"虽然我们有种种途径去帮助老大走出"失宠"的困境，但最有用的灵药还是来自于原生家庭的温暖和爱，因为父母的爱是无可代替的。现实生活中，如果父母无法做到平等爱两个孩子，更无法平衡照顾两个孩子的时间，那么，家长应该给一孩更多的重视和关爱，可以在怀二孩的时候让老大参与进来，一起讨论弟弟妹妹来到家庭中的事情；在弟弟妹妹出生时，让老大参与照顾弟弟妹妹；还可以在弟弟妹妹面前树立老大的榜样，有意识地拉近两个孩子间的距离等。教师也可以利用闲暇时间和家长进行交流，让他们了解被忽略孩子内心的脆弱和孤独，解读幼儿出现的种种行为背后的原因，理解幼儿的抵触情绪。

二孩家庭越来越多，一孩在家庭中的受关注度始终会经历家庭中的"独宠我—忽略我—还有我"的阶段，内心情感也会经历"排斥—冲突—接受"的过程。因此，不管是教师还是父母，都应用和谐的语言安慰一孩、用友好的行为影响一孩。

重庆市新桥医院幼儿园　徐亚玲　陈薇

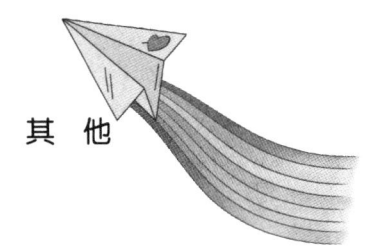

其他

让午餐"愁哭"的小孩

案例描述

"好了,宝贝们!今天我们午餐有美味的排骨、香甜的土豆,请小朋友们吃饭吧!"在教师简单地介绍幼儿午餐之后,大多数小班幼儿都愉悦地开动了,但也传来了哭喊声:"奶奶,我要奶奶——"

这是一个让午餐愁哭的的小孩,他叫源源,今年刚入园,因父母工作忙碌,源源的妈妈将他送到幼儿园里吃午餐、睡午觉。这个可爱、干净的小男孩很讨人喜爱,平时在生活活动、游戏活动中也能玩儿得很开心、投入,但是一到午餐的时间,他就会盯着饭菜,开始哼哼唧唧地要找奶奶。考虑到他刚入园,可能还不能很好地适应幼儿园集体进餐的环境,教师给予了他更多的关注,一对一照看他进餐。有时候源源太饿了,会拿起勺子吃几口,但吃了几口又会哭喊起来,只有喂他吃才会吃。在随后的几天时间里,这样的情况总是一遍又一遍地上演,让配餐的教师很头疼。

一、背景

现在有很多独生子女,因为家人的宠爱,事事包办代替,自理能力很差。如案例中,让午餐"愁哭"的源源,奶奶在家中特别宠他,每天吃饭的时候总是一口一口地喂,有时候还会满屋子追着喂,不利于幼儿良好行为习惯的养成。那么当前造成幼儿自理能力不足的主要原因是什么呢?

(一)父母的包办代替

中国社会存在着"4+2+1"这种金字塔家庭结构模式,即四个老人两个父母一个孩子，孩子处于金字塔的顶端。父母，尤其是老人往往会过度溺爱家中的幼儿，舍不得孩子受苦，吃饭、穿衣、叠被等简单的事情大人都要包办、代替。家长替幼儿解决了生活中的一切问题，就会让幼儿产生严重的依赖心理。可以说，家长包办代替是幼儿自理能力缺少的最主要原因。

（二）家园教育不一致，要求不统一

在幼儿园集体生活中，教师会注重幼儿自我服务能力的培养，但部分家长对幼儿自理能力培养的不重视或者家长的教养态度不正确，使幼儿的生活自理能力不能巩固，往往会出现"5+2=0"的现象，也就是说幼儿往往一回家就将在幼儿园学习到的本领丢掉了，因为幼儿在家里从不自己做事情，都是由家长代劳。

（三）家长教育方法不当，需要指导

幼儿生活自理能力需要教师和家长有意识、有目的地训练才能够养成，但一部分家长缺少正确教育的方法策略，不知该怎样对幼儿进行这方面的培养，没有给幼儿技能培养的机会和方法。

（四）父母的"赶时间"

部分家长因工作繁忙，时间紧，没有时间等幼儿自己慢慢地完成他们力所能及的事情，于是更愿意包办、代替幼儿做事情，以节省时间。这种"不用动""我来做"的做法，无意中剥夺了幼儿获得自理能力的机会。

二、措施

（一）有效家园沟通，帮助家长树立科学育儿观，学会简单实用的教育小技巧

幼儿教师在面对幼儿难以适应集体生活，不能独立、自主、愉悦地完成某一项生活活动的时候，应该剖析问题本质，联合家庭教育主力军——父母，让每一位幼儿家长建立科学育儿观，勿宠溺、勿失教，着力培养幼儿独立自主、生活自理能力的提升。教师也可以为家长提供简单有效的教育小技巧，如案例中的源源，可以建议父母多陪伴他，和源源玩儿一些小游戏或者让他做一

些力所能及的事情。尤其是吃饭这一生活习惯，可以通过多种方式鼓励幼儿自己吃，当幼儿自己能够吃饭的时候，要及时给予表扬，如果幼儿能够坚持一周自己吃饭，可以奖励一些小礼物。

另外，教师要告诉家长制定规则的重要性，让幼儿形成良好的生活习惯，不要一味地宠溺幼儿。如果幼儿不抓紧吃饭，就要饿肚子，不提供零食，逐步给幼儿建立起时间观念和规则意识，进而养成良好的生活行为习惯。

凝聚幼儿园、家庭教育合力，双方达成一致，才能将幼儿一些不好的习惯改掉，逐步锻炼幼儿独立自主的能力。

（二）创设适宜的生活情景，满足幼儿的情感需求

对于刚从家庭走向幼儿园的小班幼儿来讲，在情感上还比较依恋家人，在行为习惯上还留有深厚的家庭生活痕迹。如吃午餐，很多幼儿仍沉浸在相对自由、成人围绕着幼儿转的一种状态，他们渴望有成人的单独照看，情感需要往往不能得到满足，就会导致哭闹。为此，教师应该多了解幼儿的情感需求，尤其是在生活活动环节中，如如厕、喝水、午餐等。教师可以主动和幼儿进行亲密接触，拉拉手、摸摸头，或抱一抱、亲一亲，也可以和幼儿说说悄悄话，让他们感觉幼儿园生活中的老师是关注他们的，这样可以缓解幼儿的焦虑情绪，从而慢慢适应幼儿园集体生活。

此外，在满足情感需要的过程中，教师会在幼儿身上发现许多"不恰当"的生活习惯，对此，教师的引导很关键，不要一味地批评指责，也不要一味地包办解决，而是要针对不同的问题开展不同的教育活动，引导幼儿改正不良习惯。如案例中的源源不能独立自主吃午饭，教师可以在集体活动中通过讲故事、唱儿歌、看绘本等方式，讲一讲故事中的小朋友是如何自己的事情自己做，如何学习新事物的；也可以在区域活动中，投放适宜的材料，锻炼幼儿动手操作能力，如穿鞋带、拉拉链等小活动，让幼儿在活动中练习精细动作，从而找到自信并体验成功感。

山东省莱州市平里店镇中心幼儿园　王雅君

变形金刚拯救"世界"

案例描述

开学第一天,我早早来到教室,准备迎接新入学的幼儿。为了避免幼儿哭闹过度,小桌子上摆放了各种玩具,教室也为了迎接新生提前做好了布置,选择了幼儿较为喜欢的卡通形象。

但是场面还是很难控制,尤其家长离开后,幼儿们开始大哭不止。

昊昊大哭着拍门,嚷着要妈妈,他的声音很大,导致其他幼儿哭得更厉害。

我拿开昊昊擦眼泪的手臂,看着他的眼睛说:"你先不哭,我就告诉你妈妈在哪里。"

这句话果然奏效,昊昊立刻止住了哭声:"妈妈在哪里呀?"

"妈妈说你已经长大了,今天派你来完成一个任务,如果完成了,妈妈很快就会来接你。"然后笑着对他说:"现在我们坐到座位上,和小朋友一起把任务完成吧。"

昊昊停止了拍门,心里虽然有些不情愿,但还是与小朋友一起按照老师的指示坐好了。

看到幼儿们陆续坐好,我拿出手里的变形金刚,先讲了一个变形金刚拯救世界的故事,幼儿们的注意力开始被吸引。

当故事讲到一半时,我用神秘的语气告诉他们:"变形金刚现在受伤了,需要小朋友们把他组装好,这样才可以去帮助别人,我们一起组装他们好吗?"

幼儿们看看手里的玩具,开始学着我的样子组装变形金刚。

就这样顺利度过了上午,午休时昊昊又哭起来,我把昊昊抱起来安慰。

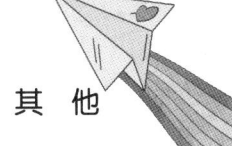

其 他

昊昊小声问我："变形金刚拯救世界后，是不是妈妈就来了？"

"变形金刚要打很多怪兽，所以我们下午要给它穿很多的盔甲，这样变形金刚的能力才会强大，怪兽才会怕它。至于妈妈，当然会来接昊昊，说不定还会提前来接昊昊呢！所以下午我们好好玩儿游戏，不要哭，开心等待妈妈来接好不好？"

昊昊想了想，轻轻点点头，渐渐在我怀里睡去。

经过一上午的相处，幼儿之间不再那么陌生。下午主动让我继续给他们讲变形金刚的故事，幼儿们听得很认真。故事讲完，幼儿们要动手为变形金刚穿盔甲，只见昊昊第一个跑到材料筐前，选了一张报纸，开始包装变形金刚，为它穿盔甲。

一、背景

从家庭生活走向幼儿园，是幼儿成长过程中必不可少的环节，然而对于三岁的幼儿来说，面对一个陌生的环境，没有了父母的陪伴，是充满着不安、紧张与恐惧的。幼儿进入幼儿园的第一步是小班，小班教师虽然教学任务相对于中、大班来说不是很重，但是面对一个个没有安全感的幼儿，教师往往也会显得手足无措。如何让年纪尚小的幼儿迅速适应幼儿园生活，开心地与同伴融合在一起，从一个家庭的中心过渡到一个群体的成员，是小班教师需要思考的问题。作为一名小班教师，要让幼儿真正融入群体中，首先要走进幼儿的内心世界。每个幼儿都是不同的个体，根据不同的个体情况选择不同的融合方案，才能够取得意想不到的效果。

二、措施

（一）预设良好的教学环境

幼儿到了一个陌生的环境里，对于周围的种种都会产生一定的畏惧心理，提前做好环境的布置，利用幼儿比较熟悉的事物作为装饰，有利于降低陌生环境带给幼儿的恐惧。如利用幼儿喜欢的卡通形象进行教室的布置，或在桌上放置幼儿喜欢的玩具,能够使幼儿转移一部分的注意力,不会专注于陌生环境产生的恐惧感。

(二)不让少数影响多数

在陌生的环境里,幼儿都比较懵懂,很容易受到周围同伴的影响,如果这个时候有一个幼儿大哭而教师没有及时安抚,其他幼儿也会跟着哭起来。所以在教师发现某个幼儿影响到课堂环境的时候,一定要第一时间进行引导,通过给予其一定的许诺安抚幼儿不再哭泣,从而使课堂恢复正常,并快速用其他的内容把幼儿的注意力吸引过来。

(三)培养幼儿的集体责任感

幼儿是一个独立的个体,在进入幼儿园之前没有过集体生活的经验,所以很多时候会随着自己的性子来,想哭就哭,想大声说话就大声说话,这个时候需要教师进行良好的引导。如在午休时有幼儿哭泣,教师就应该在安慰的同时告诉他,打扰到别人是不对的行为,可能短时间内幼儿不能一下子改变原有行为习惯,但是多次以后幼儿就会形成习惯,从而更有利于后期的管理。

《纲要》对于小班幼儿的特点做出这样的分析,幼儿对周围世界的探索主要是通过对物体的看、听、摸、闻、尝等感知、操作活动来进行,它与幼儿的"玩"往往是同一过程。幼儿活动的目的性、顺序性、细致性、有意性均相对较差。所以,环境对于幼儿的影响往往是非常大的,创造良好的环境与氛围,有助于幼儿在玩儿的过程中逐步适应集体生活,而适当的行为规范教育则有利于环境与氛围的创建。

江苏省南京市江宁区禄口中心幼儿园 朱唯晶